UNE

DESCENTE AUX ENFERS

LE PUY. — TYP. M.-P. MARCHESSOU.

UNE DESCENTE

AUX ENFERS

LE GOLFE DE NAPLES

VIRGILE ET LE TASSE

Avec une Carte des Enfers

PAR

HENRI JOHANET

PARIS

LIBRAIRIE ACADÉMIQUE

DIDIER ET Cie, LIBRAIRES-ÉDITEURS

35, QUAI DES AUGUSTINS, 35

1874

PRÉFACE

Le titre de ce livre demande à être expliqué, ne serait-ce que pour rassurer les lecteurs.

Non loin de Naples et de Pouzzoles s'avance dans la Méditerranée une petite langue de terre que la vague s'est plu à découper avec un art infini.

C'était l'un des points les plus célèbres du monde connu des anciens.

Homère, sur la foi d'une tradition remontant à l'époque fabuleuse d'Hercule, avait fait de cette contrée de la Campanie, sans cesse bouleversée par les soulèvements volcaniques, le sombre séjour de Proserpine et de Pluton.

*Plusieurs siècles après, Virgile adoptant à son tour ces données mythologiques place sur cette même terre la scène du sixième livre de l'*Enéide.

La traditon s'est perpétuée d'âge en âge et a conservé les noms inventés par les pontifes, les oracles et les poëtes. Sur ce riant rivage, le cicerone *napolitain vous montre encore les ruines de la cité de Cumes, le temple d'Apollon, œuvre de Dédale, l'Averne, l'Achéron, les Champs-Elysées.*

Les livres écrits à l'usage des touristes n'omettent pas de consacrer quelques lignes à chacun de ces noms. Nous avons pensé mieux *faire, et, à l'exemple de Bonstetten, auteur d'un voyage pittoresque sur le théâtre des six derniers livres de l'*Enéide, *nous donnons aujourd'hui une étude topographique complète sur le sublime chant où Virgile a célébré la descente d'Enée aux Enfers.*

Au cours de ce récit, nous dirons comment le chanoine Andrea de Jorio, archéologue très-estimé à Naples au commencement de ce siècle, nous a précédé dans cette voie.

Peut-être ne le croira-t-on pas, le nombre de volumes petits et grands qu'il nous a fallu compulser pour cette partie de notre opuscule est incalculable, et, en les feuilletant, nous ne pourions nous défendre de songer à cet heureux temps où les bonnes lettres, humaniores litteræ, *étaient en honneur à tous les foyers, où le pieux Enée, suivi du fidèle Achate, défrayait les conversations de la ville et des faubourgs.*

Nous avions les matériaux qui convenaient pour composer, sans difficulté, un in-folio sur le Phlégéthon, le Styx et le Cocyte; cependant, nous nous sommes borné à l'érudition strictement nécessaire, désirant qu'à l'aide de cette simple étude et de la carte qui l'accompagne on pût, sans fatigue comme sans crainte, s'engager sur le chemin des enfers.

Cette excursion dans le royaume des ombres n'occupe, d'ailleurs, qu'une partie du livre.

Allant de Rome à Naples, il était intéressant d'établir le contraste de ce voyage fait à l'antique et à la moderne, au temps d'Auguste et de nos jours, de réveiller çà et là les mânes des vieux Romains pour leur faire conter des histoires du temps passé.

Nous avons eu la rare fortune de tenir entre nos mains, pour nous guider à travers ces souvenirs, les notes prises en Italie par un des hommes de ce temps qui ont conservé avec le plus d'amour le goût et le culte des lettres. M. Drouyn de Lhuys n'a publié jusqu'ici aucun gros livre, mais en dehors de sa correspondance diplomatique, où se retrouvent les nobles allures du grand siècle, il a écrit certaines pages et prononcé des discours qui permettent de le ranger parmi ceux qui, possédant le mieux l'antiquité, ont atteint la perfection du style et du langage.

En quittant les enfers où Virgile nous avait conduit, devions-nous d'un pied léger passer auprès du tombeau du prince des poëtes? On nous aurait reproché une coupable indifférence. Aussi, nous sommes-nous arrêté sur la colline du Pausilippe où reposèrent les cendres du cygne de Mantoue, recueillant et groupant. — ce qui ne s'était point fait encore, — les témoignages sur lesquels s'appuie la tradition relative à cette tombe à jamais illustre.

Enfin, nous n'avons pas résisté au plaisir de jeter un coup-d'œil général sur ce point radieux du globe qu'on nomme le golfe de Naples, et, chemin faisant, nous engageons nos lecteurs à parcourir avec nous les ruines d'Herculanum, les rues abandonnées de Pompéi et à gravir les roches abruptes de Capri.

Nous arriverons ainsi à Sorrente, berceau du moderne Virgile. Une courte étude de la vie du Tasse ne nous a donc pas paru déplacée pour terminer ce modeste ouvrage, et c'est à Rome, au couvent de Sant'Onofrio, où le grand poëte italien mourut, en 1595, que nous prendrons congé du lecteur, en le remerciant d'avoir consenti à nous suivre jusqu'aux sommets du Janicule.

Ce livre n'est point un Guide. *On a évité avec soin tout ce qui aurait pu lui donner un tel caractère. Pourtant nous nous berçons de l'espérance que les amis de la « République des lettres, » comme on disait au bon vieux temps, trouveront quelque charme au commerce de ce compagnon de voyage. Nous les prions de lui faire une petite place auprès d'eux lorsqu'un bon génie les poussera à visiter, de près ou de loin, le pays de Virgile et du Tasse, où fleurit l'oranger.*

Paris, 15 octobre 1872, 1941e anniversaire de la naissance de Virgile.

UNE DESCENTE
AUX ENFERS

I

DE ROME A NAPLES

EN L'AN 730 *ab urbe condita.*

Au temps d'Auguste, un habitant de Rome avait deux moyens de se rendre à Naples.

Près du cirque Maxime, vers l'extrémité qui regarde la porte Capène, au pied du Palatin, c'est-à-dire à bonne distance du Forum et des lieux les plus fréquentés, on trouvait des voitures dont le nom et la forme variaient presque à l'infini. Au dire de Suétone, César ne dédaignait pas ce mode de transport et entreprenait parfois de très-longues courses avec une voiture de louage. Tite-Live rapporte également que le sénat, voulant honorer un personnage étranger, fit louer des chars pour le reconduire commodément jusqu'à Brindes [1]. Cette manière de voyager n'était pas économique : elle exigeait qu'on eût la ceinture largement garnie de deniers d'or.

Si vous étiez l'ami particulier ou le courtisan de l'empereur, ou le client de l'un des affranchis préposés à la chancellerie du palais, vous pouviez avoir recours au second moyen et obtenir un diplôme, ordre écrit du maître, sorte de passe-port qui vous autorisait à prendre les chars et les chevaux destinés aux communications administratives avec les gouverneurs des provinces. Dans ce cas, le voyage ne coûtait rien. Pline le Jeune, favori de Trajan, parle fréquemment de cette feuille de route, qu'il appréciait

1 Suet. *Cae.*, 57 : « Longissimas vias incredibili celeritate confecit expeditus meritoria rheda. » — Liv. XLVIII VIII, 10 : Et vehicula *publice locata* quæ cum Brundisium commode perveherent.

beaucoup pour son usage personnel et dont il fit une fois profiter sa femme : « Il y avait urgence, mande-t-il à l'empereur (dans la crainte sans doute de tomber sous le coup de la loi Cornélia); si j'eusse écrit à Rome et attendu la réponse, il n'était plus temps de partir [1]. »

A la vue du diplôme, les chefs de relais ou les aubergistes de la voie Appienne s'inclinaient devant vous, poussés par une vertu magique, et vous arriviez à Naples en grand seigneur [2].

Comment se fait-il qu'Horace, qui était bien en cour, n'obtint pas ce billet de faveur quand il se rendit à Brindes? Sans doute parce que les chevaux du gouvernement étaient alors occupés à traîner sur la même route Mécène et Coccéius, chargés tous deux d'une importante mission, *missi magnis de rebus uterque legati* [3].

Seriez-vous, par aventure, l'ami de César? Non. Prenons donc la *rheda*. Horace ayant

1 *Epist.* x, 121, 122. — *Lex Cornel. de fals.*, l. xxvii, § 2 : Qui se pro milite gessit... vel *falso diplomate* vias commeavit, pro admissi gravitate, gravissime puniendus est.

2 Voir le mémoire intitulé : *De l'administration des postes chez les Romains*, par M. Naudet, membre de l'Institut. Mém. Ac. Inscript. et Belles-Lettres, t. xxiii, 2e part.)

3 Hor. *Sat.* i, 5. — M. Ernest Desjardins a publié sous

adopté ce mode de transport, au moins pour une grande partie de ce long voyage, nous devrons nous y trouver bien. Le poëte aimait partout à avoir ses coudées franches. Lisez plutôt l'invitation à souper adressée à Torquatus [1].

La *rheda*, voiture à quatre roues, est conduite par des mules ; elle a plusieurs siéges et peut recevoir, sans compter le conducteur ou *mulio*, cinq personnes avec leurs paquets. C'était un véhicule populaire, usité pour les parties de campagne, comme on dirait aujourd'hui. Martial parle d'un certain Bassus qu'il rencontra un jour sur la voie Appienne, voyageant en *rheda* et traînant avec lui les provisions de toute nature qu'on rapporte d'une maison des champs : des poireaux, des choux, des laitues, des bettes, propices à l'estomac paresseux, des grives, un lièvre, un cochon de lait et des œufs. — Vous croyez, dit Martial, que Bassus rentrait à Rome ? Point du tout, il allait à la campagne [2] !

ce titre : *Voyage d'Horace à Brindes* (Mâcon, 1855), une étude topographique, d'après la cinquième *Satire* d'Horace. Ce travail, accompagné d'une carte détaillée de la voie Appienne, est plein d'érudition.

1 Sed nimis arcta premunt olidæ convivia capræ. *Ep.* I, 5.

2 *Epigr.* III, 47.

Les Romains ne se chargeaient pas inutilement. Toutefois, il fallait nécessairement emporter, en partant pour Naples, afin de se défendre contre les brusques changements de la température, une *pœnula,* espèce de manteau de laine muni d'un capuchon, qu'on pouvait mettre pardessus la tunique, et un *petase,* chapeau de feutre à fond bas et à larges bords emprunté aux Grecs, et dont la mode changeait presque chaque année. Du reste, vous n'avez que faire de la synthèse : si quelque personnage vous invite à dîner à sa villa de Baia, il vous fournira, suivant la coutume, cette blanche robe qui est de rigueur pour prendre place aux festins de la haute société.

Encore une goutte d'eau, et la clepsydre du Forum va marquer la dixième heure du jour, c'est-à-dire quatre heures de l'après-midi. En ce moment on commence à sortir des bains publics et les promeneurs se rendent en voiture à la voie Appienne. La *rheda* s'élance, et nous voilà partis.

Franchissons la porte Capène et laissons à droite les splendides jardins d'Asinius Pollion. Partout l'animation la plus extravagante. Les voitures se croisent et parfois se heurtent. Les dalles de travertin s'affaissent et se creusent sous le poids des innombrables roues qui sillonnent chaque jour cette reine des routes de l'empire, comme dit Stace, *longarum regina viarum.*

Sur les bords, de douze pas en douze pas, on a élevé des piédestaux avec des degrés pour aider les voyageurs à monter à cheval ou en char.

Cette voiture remplie d'esclaves, c'est le *petorritum,* char d'origine gauloise. Ces équipages légers attelés de trois mules, ce sont des *cisii,* dont Cicéron fit usage aux beaux temps de la République. Ici la riche *carruca* ornée de ciselures de grand prix : ne ressemble-t-elle pas à un catafalque monté sur des tréteaux? là une voiture couverte, le *covinus,* char de guerre des anciens Bretons, adopté aujourd'hui par les Romains. Voici l'*essedum* avec ses deux roues légères, le *carpentum,* employé par les dames de distinction. La plupart de ces voitures sont précédées d'une troupe de cavaliers numides; quelques-unes, plus modestes, n'ont pour annoncer leur passage qu'un seul coureur à pied, ou une meute d'énormes chiens molosses. Mais tout à coup les chars s'écartent et laissent la voie libre à de rapides messagers : place aux *veredarii,* chargés des dépêches du gouvernement!

Au milieu de la foule passent et repassent les jeunes élégants, dans leurs riches litières portées par huit esclaves magnifiquement vêtus, les courtisanes étendues dans des *basternæ,* voitures sans roues reposant sur deux mules blanches attelées l'une devant, l'autre derrière, ou dans leurs chars garnis de soie. Elles-mêmes dirigent les mules, de couleur et de taille pareilles. A cette époque de décadence impériale, on oublie que Jules César a interdit les chars et les litières aux jeunes femmes sans mari ni enfants.

Au-dessus des matrones une suivante porte un léger parasol, une autre agite l'éventail en plumes de paon. Des coureurs indiens de toute nuance de peau précèdent ou suivent le *carpentum,* prêts à poser le marchepied au moindre signal de leur maîtresse. Ces femmes roulent entre leurs doigts des boules de cristal et d'ambre qui donnent à la main une douce fraîcheur et un délicieux parfum. Plusieurs portent au cou et aux bras des serpents apprivoisés dont les enlacements perpétuels entretiennent une moiteur voluptueuse.

Maintenant voici les piétons. Les uns, sur la route même, sans se soucier des voitures, les autres sur les marges ou trottoirs. Les nobles patriciens laissent avec affectation passer sous leur toge la large bande rouge de leur laticlave. Les magistrats et les pontifes, que vous distinguez à la robe prétexte, se rencontrent et s'abordent pour causer un instant des affaires publiques. Le simple citoyen romain, drapé dans la toge vulgaire, glisse habilement près de ces personnages et cherche à savoir la nouvelle du jour. En prêtant l'oreille nous apprendrions quels sont ces hommes d'Etat, car, sur leurs talons, un parvenu qui veut avoir l'air de connaître tout le monde se fait pousser le coude par un esclave nomenclateur payé au poids de l'or pour remplir la singulière fonction de dire les noms et le pouvoir de chacun. « Celui-ci est tout-puissant dans la tribu Fabia ; celui-là dans la tribu Velina ; cet autre, à force d'intrigues, dispose à son gré des faisceaux et enlève à qui lui déplaît la chaise curule d'ivoire [1]. »

Apercevez-vous là-bas cette masse compacte ? Elle vient vers la ville; c'est la suite innombrable des licteurs qui accompagne un gouverneur de province retournant à la métropole.

Mais que veulent ces femmes aux cheveux

1 Hor. *Ep.* 1, 6.

épars, aux habits en désordre, et dont les yeux sont encore ruisselants des larmes du plus profond désespoir ? Pourquoi ces joueurs de flûte dont l'interminable instrument jette dans les airs une funèbre harmonie ? Ce sont des pleureuses publiques et des musiciens que les libitinaires ou entrepreneurs des funérailles ont loués pour conduire un riche citoyen à sa dernière demeure. Ils rentrent à Rome après avoir rempli leur rôle devant le bûcher.

Nous sommes, en effet, dans la région des tombeaux. Ce contraste entre les splendeurs du luxe et la nudité du sépulcre n'effraye point les Romains. Au contraire, par une sorte de raffinement, ils ont semé à profusion les monuments funèbres au milieu de leurs élégantes villas et sur la route de leurs plaisirs. La pensée de la mort les excite à se hâter de jouir, pendant qu'il en est temps encore,

> Dum loquimur, fugerit invida
> Ætas : carpe diem, quam minimum credula postero [1].

Sur la gauche, près de la voie même, nous venons de laisser un tombeau célèbre, celui de la

[1] Hor., Od. I, 11.

famille des Scipions. La race Cornélia a conservé la coutume des premiers temps de Rome de ne point brûler, mais d'inhumer les corps [1]. A côté, on voit le tombeau de Pomponius Hylas et celui des familiers de Sextus Pompée, type parfait du *columbarium* où l'on déposait, au centre de petites niches creusées dans les murailles, les urnes contenant les cendres du défunt [2].

1 Dans ce souterrain découvert en 1780, on a en effet trouvé un assez grand nombre de sarcophages et des inscriptions portant toutes le nom d'un Scipion. On conserve au Vatican, sous le vestibule carré qui suit la galerie Chiaramonti, le cercueil en pierre de L. Cornélius Scipion Barbatus, vainqueur du Samnium et de la Lucanie.

2 M. Hector Leroux a peint d'après nature l'un de ces *columbaria*, qu'on visite encore aujourd'hui dans une vigne, près de la porte Saint-Sébastien. Ce tableau est animé par la présence d'une famille en pleurs conduisant les cendres d'un parent à leur dernière demeure. Cette toile est dans la galerie du Luxembourg, sous le numéro 152. Voir aussi le *Magasin pittoresque*, 1865, p. 121.

M. Ch. Dezobry décrit ainsi un *columbarium* : « La forme est quadrangulaire, avec des parties sortantes sur chaque face, les unes carrées, les autres en hémicycle. A l'intérieur, dans les murs, sont creusées des centaines de petites niches à fond demi-circulaire, et arrondies en voûte par le haut, exactement comme les nids de colombes dans un colombier, d'où le nom de *columbarium* donné à ce genre de sépulcre. Les niches sont disposées par lignes horizontales, séparées par une cymaise; il y a sept, huit et neuf étages, suivant les diver-

Le vaste sépulcre de Cecilia Metella, femme de Crassus, commence, à proprement parler, la série des monuments. C'est une énorme tour ronde, assise sur un soubassement carré. Mais passons. Aussi bien la rapidité de la *rheda* ne nous permet-elle pas d'examiner, comme il conviendrait, les tombeaux de toutes formes et de toutes dimensions qui bordent la route pendant cinq lieues. Un souvenir, toutefois, aux Horaces et aux Curiaces, dont les sépulcres sont là, suivant Tite-Live, à l'endroit même où eut lieu le combat [1]. Illustres guerriers qui, pour épargner le sang de deux peuples, livrâtes, à vous seuls, une bataille épique ; ô modèle à jamais offert aux

ses hauteurs des voûtes. Au-dessus des cinq premiers rangs règne un large entablement, formant galerie pour faciliter l'approche des niches les plus élevées : la voûte du monument est en stuc, avec des bas-reliefs, et le pavé en carreaux de marbre. Chaque niche contient deux urnes cinéraires enfoncées jusqu'à leur orifice en contre-bas du seuil de la niche. Une tablette de marbre sur laquelle sont gravés le nom, la qualité, et souvent la fonction que remplissait le mort ou la morte, est fixée avec deux clous de fer ou d'étain au-dessus de la niche. » *(Rome au siècle d'Auguste,* Lett. CIV.)

1 Martial, *Epigr.* III, 47, dit également :

> Capena grandi porta qua pluit gutta,
> Phrygiæque Matris Almo, qua lavat ferrum,
> Horatiorum qua viret sacer campus...

princes de tous les âges, que la terre vous soit légère !

Un nuage de poussière s'élève à l'horizon, dans la direction de la mer. Il s'approche de nous ; on dirait un escadron de cavalerie lancé au galop. Ce sont des chasseurs qui reviennent, à travers champs, des bois giboyeux de Laurentum.

La chasse, dit le poëte, est en grand honneur chez les Romains ; on s'y fait un renom, et cet exercice fortifie les membres et la santé [1]. Horace parle autre part de la jeunesse dorée de son temps qui, à peine sortie des mains de ses précepteurs, ne rêve plus que chiens et chevaux [2]. Aussi voyez le luxe de l'équipage qui va rentrer à Rome par la voie Appienne, précisément à l'heure où elle regorge de monde. Le jeune patricien possesseur de tous ces chevaux, de tous ces chiens, de tous ces esclaves, a étudié depuis longtemps le grand art de faire de l'effet. Rien ne manque, ni les filets pour cerner les parties de bois les plus étendues, ni les chevaux légers pour forcer le cerf, le sanglier, le renard ou le lièvre,

1 Romanis solemne viris opus, utile famæ,
Vitæque et membris (Hor., *Ep.* 1, 18).

2 Imberbis juvenis, tandem custode remoto
Gaudet equis canibusque (Hor., *Ars. Poet.*).

ni les dépisteurs, ni les piqueurs, ni la meute de molosses ou de chiennes de Crète avec leurs longues pattes et leurs oreilles pendantes [1].

Voici le maître. Ne serait-ce point par hasard ce Gargilius, chasseur malheureux et rusé, dont Horace nous révèle l'insolente vanité? Mais alors ce gros sanglier porté en triomphe sur un mulet n'a-t-il pas été acheté dans les environs [2] ?

A d'autres le soin de résoudre la question. Laissons cet étalage et admirons la nature.

De tous côtés les immenses plaines du Latium où se décidèrent les destinées du peuple roi. A gauche, à travers la campagne, la longue et majestueuse suite des arcades des aqueducs, immobiles sous le poids des eaux de l'Anio qu'ils enlèvent à Tibur et déversent dans les fontaines de Rome. En face, le groupe des monts Albains surmontés du temple colossal de Jupiter Latial, où se célébraient les féries latines et du haut desquels Junon, selon Virgile, vit aux prises les Troyens et les Rutules [3].

1 Voir une thèse intitulée : *De venatione apud Romanos*, par M. Gustave Baguenault de Puchesse, ouvrage curieux où l'auteur a groupé tout ce qui regarde la chasse et le gibier au temps des Romains. — Paris, 1869, Bibl. de la Sorbonne.

2 Hor., *Ep.* I, 6. — 3 *Æn.* XII, 134 et suiv.

Si j'ai bien compté, voici la quinzième colonne, depuis le mille d'or du Forum [1]. Nous approchons d'Aricia, le premier relais qu'on rencontre en quittant Rome. Méfions-nous, l'auberge est médiocre, dit Horace. Heureusement nous n'y séjournerons qu'un instant..

C'est le soir. Le soleil couchant illumine les sommets des palais et des temples de Rome. D'immenses rayons rouges transpercent les oliviers et les chênes verts et se projettent à perte de vue dans la campagne. Les pins pignons épandent sur les vallées l'ombre gigantesque de leur noir panache. Çà et là, les lignes droites et harmonieuses des villas patriciennes; au milieu du silence, l'indéfinissable murmure qui s'échappe des champs et des bois; puis, au loin, le globe de feu s'éteignant mollement dans les flots de la mer Tyrrhénienne.

Soudain la *rheda* reprend sa course. En sor-

1 *Mém. Acad. Inscrip. et Bell. Lett.* xxx, p. 198 et suiv. — Le mille d'or était, comme on sait, le point de départ de toutes les mesures itinéraires de l'empire. Il était situé sur le Forum entre le Capitole et le Palatin, auprès du temple de Saturne et de la basilique Julia. Le mille était de mille pas ou 5,000 pieds romains. Le pied était à peu près de 33 cent. 33, comme le pied français; de mille en mille, sur les routes, on trouvait une colonne.

tant d'Aricia on voit un temple dédié à Diane; le prêtre est toujours un brigand qui s'est emparé du pontificat en assassinant son prédécesseur. Aussi l'honnête pontife est-il constamment sur ses gardes.

Le poëte avait raison : la route est mal entretenue de ce côté. Il faut ralentir le pas si l'on veut éviter les cahots. Du reste, rien de remarquable jusqu'au forum d'Appius, à l'entrée des marais Pontins.

Là, deux manières de continuer son voyage : suivre la levée construite sur les marais, ou s'embarquer sur le canal creusé au milieu de ces lacs bourbeux. De nombreux bateaux, tirés par des mules, font le service des voyageurs. La levée a 19 milles de longueur, et de largeur 40 pieds [1]. De distance en distance on a ménagé des arcs de pierre qui permettent aux eaux de circuler librement.

Les bateliers et les cabaretiers de l'endroit sont des voleurs, dit le poëte; mais comment résister à leurs obsessions? D'ailleurs, n'aimez-vous pas les incidents de voyage? Suivons donc le canal.

1 Plus de 28 kilomètres de longueur, sur 11 mètres de largeur.

Il est dix heures du matin. Nous touchons enfin la terre ferme, de l'autre côté du marais. Ce n'est pas sans peine. Quels cris des bateliers et des esclaves! Quel entassement dans ce petit bateau où nous étions au moins trois cents! Quelle expédition nocturne! Les cousins sans pitié et les grenouilles ne nous ont pas laissé fermer l'œil; passagers et bateliers, tout le monde buvait, chantait et criait. Cédant à la fatigue, nous nous sommes à demi endormis; ces fripons de bateliers ont profité de l'instant pour faire paître les mules et nous laisser en panne. En un mot, c'est le voyage d'Horace. Tant pis pour nous : nous étions prévenus [1].

Heureusement, la *rheda* a suivi la levée d'Ap-

1 « Le nom de forum d'Appius semble indiquer que cette bourgade était le rendez-vous des agriculteurs et des commerçants des environs. Il s'y tenait sans doute un marché aux jours nondinaux, c'est-à-dire toutes les neuvaines... Il devait s'y trouver des auberges en grand nombre. Peu à peu des maisons s'élevèrent et les anciens marchés devinrent de véritables villes. Telle fut, l'on n'en saurait douter, l'origine des Forum-Cornelii, Forum-Livii, Forum-Populi, Forum-Novum, et de notre Forum d'Appius. Du mot forum est venu le mot français *foire*. Peut-être Horace se trouvait-il au Forum d'Appius un jour de marché : cela expliquerait la foule qui se pressait dans les barques du canal. » (Ernest Desjardins, *Voyage d'Horace à Brindes*.)

pius et nous attend depuis plusieurs heures. L'attelage reposé pourra facilement gravir les trois milles qui nous séparent de Terracine. Cette petite ville appelée aussi Anxur ou mieux encore la cité de Lamus, roi des Lestrygons [1], est admirablement située sur un golfe, au pied de montagnes inaccessibles et de roches blanchâtres dont la vue est fort pittoresque.

En sortant de la cité d'Anxur, la route présente tout à coup un caractère nouveau. Elle passe entre la mer et un grand rocher taillé à pic. Il a fallu creuser le marbre très-dur de cet immense bloc sur une longueur de 100 pieds et une hauteur de 120.

En passant sur le Forum de Fundi, où nous venons d'arriver, contemplez, admirez le préteur Aufidius Luscus, vaniteusement drapé dans la prétexte et le laticlave et précédé d'un esclave portant une chaufferette à parfums. C'est l'homme influent de la ville, le César de l'endroit. Donnez-lui l'aumône d'un regard; cela ne coûte rien, et vous ferez un heureux.

1 Terracina oppidum, lingua Volscorum Anxur dictum (Plin., III, c. 5).

— Un savant romain, Pietro Matranga, a publié, en 1852, un livre intitulé : *La città di Lamo stabilita in Terracina*

Encore un peu, et nous sommes à Formies, qui doit ses embellissements au riche Mamurra. Les habitants de la contrée ne cessent point de pleurer Cicéron, que les sicaires d'Antoine surprirent, ici même, dans sa villa.

Plus loin, voici Minturnes et ses marais, d'où le vieux Marius sortit pour s'emparer une septième fois du consulat; puis on entrevoit les murs de Sinuesse.

Là, on quitte la voie Appienne qui se dirige, à gauche, vers Capoue et Bénévent, et on entre par la voie Campanienne dans ce merveilleux pays, théâtre de la rivalité de Cérès et de Bacchus, selon l'expression pittoresque de Pline l'Ancien. Entre Terracine et Gaëte, nous avons traversé les vignobles qui produisent le cécube [1]; en Campanie nous goûterons le falerne et le massique, sur le mont Gaurus, au-dessus de Putéoles [2].

Dans ces plaines fécondes, si bien nommées champs du Labour, le froment, l'épeautre, l'olivier croissent comme par enchantement. Remar-

secondo la descrizione di Omero, où il démontre que l'antique cité d'Anxur a été fondée par Lamus.

1 Strabon, v.

2 Tite-Live, XXII, 14. — Plin., III, 8; XIV, 6.

quez aussi ces longues rangées de peupliers où s'enlacent les vignes, ces champs de roses et de myrtes qui embaument l'atmosphère. « Admirez, dit Pline, cette abondance de fleuves et de sources qui arrosent la côte de Campanie, ces mers, ces ports, cette terre ouvrant partout son sein au commerce, et s'avançant elle-même au milieu des flots, empressée d'aider les mortels [1]. »

Devant nous, on aperçoit la Méditerranée : c'est le golfe radieux de Putéoles et de Baïa. Ne nous arrêtons pas : il se fait tard, il faut arriver avant la nuit.

A deux milles de Putéoles, on trouve, sur la voie Campanienne, un embranchement menant droit à Néapolis après avoir côtoyé le Forum de Vulcain, lieu infernal d'où s'échappent sans relâche des vapeurs de soufre.

Néapolis est une grande et belle ville, mais triste et peu fréquentée, si ce n'est par les savants, les artistes et les littérateurs. Là on se considère comme étant à la campagne. Aussi la tenue est-elle peu sévère, et des citoyens ne craignent pas de s'habiller à la manière des Asiatiques. Les gens qui n'ont rien à faire, ni en

1 Plin., *Hist. nat.*, III, 5.

bien ni en mal, y abondent. La molle température de ce riant rivage porte naturellement à la paresse et à l'insouciance. Horace et Ovide ne se sont pas trompés : l'un l'appelle « Naples la paresseuse, » l'autre va jusqu'à dire que Parthénope est née pour l'oisiveté,

> In otia natam
> Parthenopen.

Un peu plus tard, nous irons à Putéoles et à Baïa, où se sont réfugiées l'activité et la vie.

II

DE ROME A NAPLES EN 1873.

LES CATACOMBES. — LE MONT-CASSIN.

En 1873, il y a aussi deux moyens de se rendre, par terre, de Rome à Naples.

Si l'on veut suivre la voie Appienne, traverser les marais Pontins, descendre à Terracine dans l'auberge où Frà-Diavolo joua de si vilains tours à l'Anglais de Scribe, et enfin courir la chance de rencontrer des brigands, incident toujours pittoresque en voyage, il faut prendre à Rome un *vetturino*, et un cocher aussi peu voleur que puisse l'être un cocher italien.

Mais, si l'on tient à ne pas courir ces aventures et à arriver plus vite à Naples, en traversant un pays également rempli de poésie et de souvenirs, il faut simplement prendre le chemin de fer.

Sur le Forum romain, le spectacle qui s'étale à nos regards présente un prodigieux contraste avec celui que nous venons de décrire. Les siècles ont passé, renversant ici d'un pied dédaigneux ce peuple de statues sorties vivantes, pour ainsi dire, des riches carrières de marbre de l'Egypte ou de l'Asie, et là, détachant par blocs informes du fronton des temples et des palais le porphyre et le granit et ces frises légères où le ciseau avait mis en haut-relief, à côté de la folle danse des bacchantes, l'entrée superbe d'un triomphateur dans la capitale du monde ou l'apothéose d'un César-Auguste.

Au pied des huit colonnes ioniques, seuls restes du temple de Saturne, le mille d'or d'où partaient les routes de l'empire est enfoui sous une rampe qui conduit au Capitole moderne et au jardin semé de roses dont le terrain recouvre la roche Tarpéienne.

D'ici on embrasse d'un coup d'œil les imposantes ruines demeurées comme les témoins du Forum, les hauteurs du Palatin, berceau de la race romaine, l'arc de Titus, qui raconte la fin de Jérusalem, et, plus loin, le Colysée, grandiose, morne, silencieux, depuis que sont apaisés les cris de joie de la foule à la vue du chrétien tombant dans l'arène. Çà et là, au milieu des décombres, de grands bœufs gris, fiers de leurs longues cornes blanches, se promènent ou se reposent en ruminant avec une sérénité et une noblesse dignes de leurs ancêtres du Clitumne.

Dans la vallée formée par le Palatin et l'Aventin, on ne trouverait plus aucune trace du cirque Maxime, si quelques substructions importantes, sous l'église Sainte-Anastasie, ne rappelaient le gigantesque monument.

De cet endroit une route se dirige encore vers la voie Appienne, après avoir côtoyé à gauche le mont Cœlius, et, à droite, les thermes de Caracalla; chemin solitaire, perdu au milieu des vignes et des champs à peu près déserts sous lesquels s'est effondré le mur d'enceinte de la vieille Rome où était percée la porte Capène. Plus loin la porte Saint-Sébastien ouvre sur la voie Appienne.

Le président de Brosses écrivait déjà, en 1739 : « Il y a bien quinze ou seize siècles que non-seulement on n'entretient point ce chemin, mais qu'au contraire on le détruit tant que l'on peut.

Les misérables paysans des villages circonvoisins l'ont écaillé comme une carpe, et ont enlevé en quantité d'endroits les grandes pierres de taille, tant des banquettes que du pavé [1]. » Cette œuvre de destruction avait continué jusqu'au règne du pape Pie IX, qui a fait déblayer la voie Appienne depuis l'immense mausolée de Cecilia Metella jusqu'aux ruines de Bovillœ. De là on joint facilement Albano, et, sur tout le parcours, le voyageur salue de distance en distance les vestiges de la « reine des routes. »

Ces lieux portent l'empreinte sacrée du christianisme naissant.

Dans les premières années du règne de Claude, les chrétiens, désignés par les auteurs profanes sous le nom de juifs, à cause de l'origine de la religion nouvelle, remplissaient déjà la ville et furent chassés hors des murs. Suétone, racontant les actes de Claude, écrit : « Il expulsa de Rome les juifs qui s'y agitaient beaucoup à l'instigation du Christ [2]. » La plupart des historiens ecclé-

1 *Lettres familières écrites d'Italie;* Lett. XXVIII. Paris, Didier et Cie.

2 Judæos impulsore Chresto, assidue tumultuantes, Roma expulit. — Suet. *Claud.* XXV.

siastiques n'hésitent pas à penser que Suétone, confondant le maître et l'apôtre, a voulu parler de saint Pierre qui, après avoir occupé le siége d'Antioche, était venu établir à Rome le centre de l'Eglise.

Juvénal a donné une description du lieu peu attrayant où les chrétiens s'étaient réfugiés hors de la porte Capène. A gauche de la voie Appienne, de misérables ruines couvraient le sol : c'étaient les restes d'un temple dédié à la nymphe Egérie, et de plusieurs sanctuaires où la tradition plaçait le séjour des Muses. Les chrétiens avaient transformé ces ruines en chétives cabanes. Là, pauvres et obscurs, ils vivaient dans la prière, exerçaient la charité, étaient rançonnés par le fisc, qui les avait frappés d'un impôt extorqué par les voies les plus dures, et demeuraient en butte aux railleries des philosophes et aux absurdes accusations d'une foule ignorante [1]. On connaît le fameux texte de Tacite. Après avoir décrit l'incendie de Rome par Néron, l'historien nous dit que le prince rejeta ce

1 Voici les vers de Juvénal, *Sat.* III, 11 :

Substitit ad veteres arcus, madidamque Capenam :
Hic, ubi nocturnæ Numa constituebat amicæ.
Nunc sacri fontis nemus, et delubra locantur

crime sur des hommes « odieux à cause de leurs sacriléges, désignés par le peuple sous le nom de chrétiens. L'auteur de ce nom était le Christ, qui, sous le règne de Tibère, avait été mis à mort par le procurateur Ponce Pilate. La détestable superstition de ses disciples, réprimée autrefois, faisait une nouvelle irruption non-seulement dans la Judée, origine du mal, mais jusque dans Rome, devenue le rendez-vous et le temple des crimes et des hontes de l'univers entier. On saisit d'abord ceux qui avouèrent, puis on s'aperçut, après les avoir interrogés, que cette vile multitude était moins coupable du crime d'incendie que de haine contre le genre humain [1]. »

De son côté, Suétone écrit : « Néron sévit contre les chrétiens, espèce d'hommes livrés aux superstitions et aux sortiléges [2]. »

Judæis, quorum cophinus, fenumque supellex.
Omnis enim populo mercedem pendere jussa est
Arbor, et ejectis mendicat silva Camœnis.

M. A. Quinton, membre de l'Académie de Sainte-Croix d'Orléans, a publié sous ce titre : *Aurélia ou les Juifs de la porte Capène*, un livre plein des recherches les plus curieuses, et dont l'action dramatique se passe précisément dans les lieux que nous décrivons ici.

1 *Ann.* xv, 44.

2 Suet. *Neron.* xvi. 2. — *Act. Apost.* xxviii, 13.

De la porte Capène partirent les fidèles qui, selon le récit des Actes des Apôtres, vinrent au-devant de saint Paul jusqu'à l'endroit appelé les *Tres tabernæ,* et même jusqu'au *Forum d'Appius,* à l'entrée des marais Pontins [2].

Non loin de là aussi s'élève la petite église du *Domine quo vadis,* qui rappelle une ancienne tradition. Saint Pierre, fuyant la persécution de Néron, rencontre tout à coup son divin maître. — Seigneur, où allez-vous? dit l'apôtre. — Je vais à Rome pour y être crucifié de nouveau, répondit Jésus. Pierre comprit et rentra dans la ville, où il devait bientôt subir le martyre en compagnie de saint Paul.

Pierre fut crucifié la tête en bas, sur le Janicule; Paul, étant citoyen romain, eut la tête tranchée, au lieu dit *Aquæ Salviæ,* à 2 milles environ, sur la droite de la voie Appienne. Sa tête fit trois bonds, racontent de pieux historiens, et trois fontaines jaillirent miraculeusement du sol. L'église *San Paolo alle tre fontane* perpétue le souvenir de ce fait. Les corps des saints apôtres, recueillis par les chrétiens, furent ensevelis, non loin de la porte Capène, dans un souterrain sur lequel s'élève aujourd'hui la basilique Saint-Sébastien. Ces précieuses reliques ont été transportées plus tard sur le mont Vatican, où elles reposent encore sous le baldaquin de saint Pierre.

Dans cette région se trouvent les catacombes célèbres de saint Sébastien, de saint Calixte et de Prétextat.

Au deuxième siècle seulement, on commence à rencontrer dans les écrivains ecclésiastiques la mention de cimetières appartenant à l'église. Tel est celui dont le pape Zéphyrin confia l'administration à Callixte et qui prit son nom.

Cette catacombe a cela de particulier qu'elle a été le tombeau de toute une série de papes du troisième siècle. La crypte où ils reposaient a été découverte, en 1851, par un éminent archéologue romain, M. de Rossi, qui ne tarda pas à retrouver ensuite le sépulcre de sainte Cécile. On savait, en effet, par les anciens auteurs et par une tradition constante, que cette grande sainte avait été ensevelie par le pape saint Urbain lui-même dans une chambre voisine de celle où étaient placés ses prédécesseurs.

Le pape Pascal, vers l'an 820, ayant, en cet endroit même, cherché longtemps sans succès le corps de sainte Cécile, ne s'inquiétait plus de poursuivre les fouilles, car on assurait alors que ces restes vénérés avaient été emportés par les Lombards. Mais, un jour, raconte un vieux manuscrit très-respectable, le pape Pascal sommeillait durant l'office. Tout à coup, une jeune femme lui apparaît en songe : « Je suis Cécile, dit-elle ; tu es venu si près de moi que j'aurais pu te parler bouche à bouche. »

Sur la foi de cette vision, Pascal, ayant fait faire de nouvelles recherches, trouva en effet le corps de la sainte. Il fut conduit en grande pompe à l'église du monastère qui porte le nom de Cécile, au lieu même où s'élevait sa demeure.

Le 20 octobre 1599, le cardinal Sfondrato, titulaire de cette église, ouvrit le tombeau. La sainte était dans l'état de la plus parfaite conservation. Il y eut grande fête à Rome. Le pape Clément VIII, après avoir ordonné l'exposition du corps pendant un mois, tint chapelle pontificale pour la fermeture du monument. Stefano Maderno sculpta en marbre blanc ce qu'il avait vu de ses yeux. Son admirable statue couchée de sainte Cécile fait encore le principal ornement de ce tombeau.

M. de Rossi, guidé par la légende remontant au pape Pascal, arriva dans la chapelle contiguë à la crypte papale et trouva sans peine le lieu, aujourd'hui vide, où le pape saint Urbain, vers l'année 229, avait, de ses propres mains, déposé le corps de sainte Cécile. A côté de cette vaste niche, on voit une fresque représentant une jeune sainte, et, près de cette figure, un portrait de pape avec le nom d'Urbain écrit en toutes lettres.

L'authenticité de ces saints tombeaux ne peut donc être mise en doute. Cependant, l'illustre archéologue recueillit bientôt de nouvelles preuves. Il ramassa cent cinquante fragments épars d'une inscription de l'époque dite damasienne, du nom du pape saint Damase (366), qui eut pour les catacombes un culte particulier. Cette inscription, reconstruite avec une remarquable habileté, fournit les indications les plus précises sur les noms des martyrs ensevelis en ce lieu. Elle est en vers latins fort touchants. Saint Damase, qui l'a composée lui-même, aurait voulu, dit-il, être placé un jour à côté des pontifes ses prédécesseurs; mais il n'ose le demander, de peur de troubler le repos des saints :

Hic fateor, Damasus volui mea condere membra
Sed cineres timui sanctos vexare piorum 1.

1 Cette inscription a été replacée à l'endroit qu'elle occupait primitivement; mais les inscriptions chrétiennes, les

N'est-ce pas plutôt à nous de trembler, chrétiens du dix-neuvième siècle, lorsque nous venons, d'un pied indifférent, réveiller les cendres des saints et des martyrs des temps apostoliques?

plus intéressantes au point de vue de l'histoire de l'Eglise et du dogme, sont réunies dans un seul lieu, au musée chrétien du palais du Latran. Ces fragments précieux sont rangés entre les pilastres qui soutiennent les arcades des galeries de la cour intérieure du palais. Ils occupent, jusqu'à présent, dix-huit compartiments.

Sous les numéros I et II on a réuni les inscriptions ayant appartenu à des monuments publics, des *ex-voto* à divers martyrs.

Le numéro III contient quelques inscriptions damasiennes. (Voir *Roma Sotterranea*, par J.-B. de Rossi, in-folio, Rome; *Degli elogi e delle epigrafi del Papa Damaso*, p. 118.)

Les compartiments suivants comprennent les inscriptions qui ont date certaine; la plus ancienne remonte à l'an 71 de Jésus-Christ et porte le nom de Vespasien. *(Inscriptiones christianæ urbis Romæ*, sept. sæculo antiquiores, auct. J.-B. de Rossi, Romæ, *Lib. Pontif.* ab anno 1857 ad 1861, in-folio.)

Sous les numéros VIII et IX on trouve les monuments qui donnent quelques indications sur les dogmes chrétiens, la date de la mort de plusieurs martyrs, et témoignent de prières faites pour les défunts.

Les compartiments X, XI et XII renferment des inscriptions très-curieuses reconstituant toute la hiérarchie ecclésiastique : évêques, prêtres, diacres, sous-diacres, acolytes, exorcistes, lecteurs. Calvin demandait ironiquement : « Quel est le monument de l'antiquité chrétienne qui ait jamais

Et cependant, il est bon pour l'âme de descendre en ce lieu.

Par grande faveur, car il y faut transporter absolument tout ce qui est nécessaire au sacrifice,

parlé de vos exorcistes? » Il était loin de prévoir la découverte de cette inscription du cimetière de saint Callixte : *Paulus exorcista depositus martyr.* A côté de la hiérarchie ecclésiastique, on rencontre, dans ces inscriptions, la trace d'autres ordres et d'autres fonctions nés des besoins du moment. Ainsi, à cette époque où les chrétiens étaient obligés de vivre dans les catacombes, les *fossores,* fossoyeurs, semblent avoir fait, en quelque sorte, partie du clergé. Nous trouvons également les *notarii,* qui rédigeaient les actes des martyrs et divers recueils ecclésiastiques. Enfin, les vierges, les veuves, les fidèles, les pérégrins, les néophytes et les catéchumènes ont leur histoire écrite sur ces pierres vénérables. Tertullien distinguait les *Virgines Dei* des *Virgines hominum;* on remarque ici la même distinction : *Virgo Dei, vidua Dei.* Saint Paul recommande aux fidèles de venir au secours des veuves; mais, en même temps, il invite ces dernières à ne pas être un fardeau pour l'Eglise lorsqu'elles peuvent suffire à leurs besoins. Plusieurs inscriptions rappellent, avec les prescriptions même de l'Apôtre (I. Thim. v, 9, 16), que ce conseil était suivi : *vidua quæ Ecclesiam nihil gravavit, vidua univira.*

Le compartiment XIII porte ce titre : *Cognatio, familia, natio, patria.* M. de Rossi fait observer, en expliquant les inscriptions de cette catégorie, que si l'on n'avait, pour juger l'antique société romaine, que les douze mille inscriptions chrétiennes trouvées jusqu'ici, on ne saurait avoir l'idée de l'esclavage, car le mot *servus* ne s'y rencontre jamais; le mot des prêtres obtiennent l'autorisation de célébrer la messe aux catacombes.

Nous n'oublierons jamais ce que nous éprouvâmes en assistant aux saints mystères au tombeau de sainte Cécile. Trente personnes au plus, hommes, femmes et jeunes filles, admises à cette fête intime, étaient agenouillées près de l'autel creusé dans la pouzzolane brune. La pâle lumière de deux cierges errait sur le groupe profondément recueilli; une ouverture, pratiquée à travers la voûte et aboutissant à la campagne, répandait un demi-jour sur les parois de cette chapelle, plus sublimes et plus éloquentes dans leur nudité que les arceaux élancés des cathédrales gothiques. Seules, les paroles du prêtre tombaient sonores et vibrantes au milieu du silence de la catacombe. Tout, en cet instant, contribuait à transporter l'âme jusqu'aux temps où les Sébastien, les Valérien, les Cécile et les Agnès s'inclinaient sous la main des premiers successeurs de saint Pierre.

libertus y est cinq ou six fois, tandis qu'on peut les lire sur les monuments funèbres de la Rome païenne dans les proportions de trois sur quatre.

Les numéros XIV, XV et XVI sont occupés par des monuments ou inscriptions symboliques : Jésus enfant, le Bon Pasteur, le Poisson.

Mais un pareil spectacle ne parle point seulement le langage de l'histoire et de l'art. Ces tombes entr'ouvertes de nos pères morts pour leur Dieu, cette poussière faite des os des martyrs, ces inscriptions et ces fresques rappelant à la fois les origines du dogme et de la hiérarchie ecclésiastique et les noms des premiers papes, puis, un prêtre, redisant après seize ou dix-huit siècles les mêmes mots sacrés qu'entendirent autrefois ces sombres retraites : « Ceci est mon corps, ceci est mon sang, » sont autant de voix qui vous crient : Je suis la vérité, je suis l'Eglise bâtie sur la pierre, je suis le dogme qui ne change pas!

Et le chrétien, malgré lui imprégné de l'atmosphère énervante du siècle où il vit, harcelé, ébranlé peut-être par l'innombrable diversité des doctrines et des erreurs qui viennent effleurer son cerveau, plus rapides que l'oiseau de passage, le chrétien, disons-nous, sent sa foi s'affermir et se vivifier au contact de la terre des saints, et il courbe le front pour adorer Jésus-Christ naissant entre les mains du prêtre, dans cette humble chapelle des catacombes, comme il naquit autrefois entre les bras d'une Vierge, dans l'étable de Bethléem.

Oui, encore une fois, il est bon pour l'âme de

descendre en ce lieu. C'est pourquoi nous nous sommes un instant écarté de notre route. Nous y revenons sans plus tarder.

Le meilleur moyen, nous l'avons dit, pour aller à Naples, en 1873, c'est de prendre le chemin de fer. On passe vite, il est vrai, trop vite au milieu de ces aqueducs dont les arcades ébréchées se détachent sur les montagnes de Tibur, sur le ciel bleu de l'Italie ou sur le sévère paysage de la campagne romaine. Mais qu'importe? On peut s'arrêter et séjourner à Albano, à Velletri, à Aquino, terre natale de saint Thomas, à Cassino d'où l'on voit planer comme un ange tutélaire le monastère du mont Cassin, berceau des moines d'Occident.

Voici Capoue, ville bien déchue de ses délices, puis Caserte dont le majestueux palais, Versailles de l'Italie, a déjà vu bien des maîtres depuis sa construction, en 1752. Enfin, nous arrivons à Naples.

Lorsque nous parcourûmes pour la première fois cette route, en 1863, le chemin de fer était inauguré depuis peu de jours. A chacune des gares, les populations des campagnes, rassemblées aux barrières, s'extasiaient à la vue des voitures emportées par la vapeur. On eût dit les ombres étonnées des habitants du Latium ou de la Campanie accourant pour contempler ce serpent colossal jetant le feu par les narines, et fabriqué, à n'en pas douter, par les noirs Cyclopes dans les forges de l'Etna.

De San Germano, on gagne en deux heures, à pied, les cimes verdoyantes où s'élève le monastère du Cassin. San Germano, qu'on traverse avant d'arriver au pied de la montagne, est dominé par les ruines d'un vieux château féodal et par le couvent qui, de cet endroit, a l'aspect d'un immense fort détaché. Les habitants de ce joli village ont conservé jusqu'ici les mœurs et les vêtements qui caractérisent l'Italien des peintres et des poëtes. En passant, nous avons vu, sur une petite plate-forme, deux jeunes filles dansant la tarentelle classique, au son d'un tambour à grelots. Çà et là, dans les rues, des femmes coiffées de la *magnosa*, pièce de toile blanche négligemment posée, et drapées à la manière antique dans un *panno* à grandes raies rouges, jaunes, blanches ou bleues. Sur leur tête, un large vase de cuivre à deux anses. On dirait des statues d'Hébé descendues de leur piédestal séculaire.

Le chemin qui mène au monastère, sur le flanc de la montagne est spacieux mais rude et pierreux. De distance en distance on rencontre des chapelles dédiées à saint Maur et à sainte Scholastique, et où l'on peut se réfugier si l'on est surpris par l'orage.

Au seuil même de l'abbaye, l'inscription suivante vous annonce l'hospitalité qui vous attend :

FORNICE SAXIS ASPERU AC DEPRESSU
TANTÆ MOLL ADITUM ANGUSTU
NE MIRERIS HOSPES
ANGUSTU FECIT PATRIARCHÆ SACTITAS
VENERARE POTIUS
ET SOSPES INGREDERE.

Cette hospitalité est écrite non-seulement dans le cœur des bons religieux, mais dans la règle même de saint Benoî . « Que tous les hôtes qui se présentent à la porte du monastère, dit-il, soient accueillis comme s'ils étaient le Christ lui-même, car un jour il doit nous dire : J'ai été voyageur et étranger et vous m'avez reçu. Que dès leur arrivée le prieur et quelques-uns des frères aillent au-devant d'eux avec tous les témoignages d'une tendre charité; qu'ils leur donnent le baiser de paix, et, après qu'on leur aura lavé les pieds et les mains, qu'on les conduise à la table de l'abbé où le jeûne sera rompu à cause d'eux. Mais surtout qu'ils soient traités avec d'autant plus d'égards et de sollicitude, qu'ils sont pauvres ou étrangers, car c'est en eux, plus encore que dans les autres, que l'on reçoit Jésus-Christ [1]. »

Trois siècles après saint Benoît, un de ses disciples, un grand évêque d'Orléans, qui avait été abbé de Fleury-sur-Loire, Théodulfe, consacrait un long et beau chapitre de ses œuvres à prêcher l'hospitalité : « Que tous ceux qui pratiquent l'hospitalité, disait-il, sachent bien que c'est le Christ qu'ils reçoivent dans leurs hôtes. Toutefois, ce n'est pas une hospitalité, c'est une barbarie et une cruauté de ne recevoir l'étranger dans notre maison qu'après s'être fa[it] payer le prix de son passage, et de faire servilement, pour les biens de ce monde, ce que Notre-Seigneur a commandé de faire pour mériter le ciel [2]. »

Comme les autres religieux de l'Italie, ceux du

1 S. Bened. Reg., c. LIII, *De hospitibus recipiendis.*

2 Theodulfi capit., art. XXV. — Voir *Théodulfe, év. d'Orléans et abbé de Fleury-sur-Loire*, par M. l'abbé L. Baunard.

Mont-Cassin auraient dû, depuis quelques années, abandonner l'imposante solitude de leurs cloîtres. Le gouvernement le plus révolutionnaire qui ait jamais existé a reculé ici devant l'application rigoureuse de la loi spoliatrice qu'il a faite. A l'aide d'un compromis, on a passé à pieds joints par-dessus la difficulté. Comme l'abbé du Mont-Cassin est en même temps évêque du diocèse formé de l'ancien domaine de saint Benoît, il a obtenu de garder son titre et ses fonctions d'évêque, tandis que ses religieux formeraient un chapitre de chanoines pour l'assister dans son administration épiscopale. L'abbaye renferme un séminaire diocésain, où sont reçus et instruits les jeunes gens qui se destinent au sacerdoce. Ainsi, par une transformation qui avait eu lieu déjà pendant le séjour des papes à Avignon, l'abbé du Mont-Cassin est aujourd'hui un évêque, et les religieux ont pu, de cette façon, demeurer dans leur antique monastère et y garder, comme des *custodi*, la bibliothèque et les archives dont ils ne sont plus, aux yeux de la loi, les propriétaires.

Nous fûmes donc reçus par un religieux de Saint-Benoit.

Vers sept heures, on nous conduisit au réfectoire, immense salle où cinq cents personnes prendraient à l'aise leur repas. La nourriture est aussi simple qu'au moyen âge : une énorme portion de macaroni au fromage, des croûtes de pain cuites avec du fromage, des côtelettes de porc saupoudrées de fromage et des pommes.

Le temps était superbe. De la splendide terrasse qui domine les cloîtres et les jardins du couvent, nous plongions dans les longues vallées formées par le groupe du Cassin, et dans les ravissants villages semés sur la pente des montagnes. La crête principale est celle du Mont-Cairo, et le vieux château dont on aperçoit les ruines au milieu des forêts appartient encore à la famille de saint Thomas d'Aquin. De l'autre côté, voici le capricieux cours d'eau du Garigliano, appelé autrefois Liris, aux bords duquel se battirent tant de peuples, depuis les légions d'Annibal jusqu'aux soldats de la République française, et les vertes campagnes que ce fleuve silencieux mord de son onde paisible,

Rura quæ Liris quieta
Mordet aqua taciturnus amnis [1].

Ici se livra la bataille gagnée par Gonzalve de

1 Hor., *Od.* 1, 31.

Cordoue sur l'armée de Louis XII, bataille où périt le vice-roi Pierre de Médicis, à qui Clément VII, son neveu, fit élever le tombeau qui est dans l'église du Cassin. Plus loin, entre deux montagnes, les flots scintillants de la Méditerranée, dans le golfe de Gaëte.

La lune, cachée d'abord, s'élevait lentement derrière l'abside de l'église, projetant sa blanche lumière en longues bandes à travers les cloîtres de l'abbaye. En même temps, une brise tout embaumée nous apportait les notes sonores de la cloche de San Germano lançant à toutes volées son *Angelus* du soir.

De l'ancienne église construite par Didier, il reste seulement les belles portes de bronze exécutées à Constantinople, en 1066, et sur lesquelles on voit gravés, en lettres d'argent, les noms des villes, châteaux et fiefs appartenant au mont Cassin.

La nouvelle église est du dix-septième siècle. Toutes les variétés de marbres et de pierres précieuses de l'univers sont répandues à profusion et sans goût sur les colonnes et les pilastres de ce monument.

Sous le maître-autel reposent les corps de saint Benoît et de sainte Scholastique. Sur le tombeau, on lit cette inscription :

BENEDICTUM ET SCHOLASTICAM
UNO IN TERRIS PARTU EDITOS
UNA IN DEUM PIETATE COELO REDDITOS
UNUS HIC EXCIPIT TUMULUS
MORTALIS DEPOSITI PRO ÆTERNITATE
CUSTOS.

Il ne paraît pas qu'on puisse mettre en doute l'authenticité de ces restes sacrés. Cependant l'existence d'un reliquaire fort ancien conservé en France, à Fleury-sur-Loire, autorise à penser qu'il y a eu partage de reliques entre les deux abbayes, après le pillage du Cassin par les Lombards, vers la fin du sixième siècle.

Nous n'avons pas à raconter ici l'histoire de saint Benoît. On sait comment le plus grand des ordres d'Occident prit naissance dans la caverne de Subiaco. Plus tard, la légende représente le saint conduit par deux oiseaux et deux anges sur les sommets du mont Cassin, près des ruines de l'antique cité de Casinum. Sainte Scholastique, sœur du saint, fonde de son côté un monastère dans la vallée, à deux milles de la montagne. Quelquefois Benoît l'allait voir pour parler des choses de Dieu, comme peuvent en parler les saints, célestes entretiens écoutés de Dieu seul, sublimes conversations dont furent témoins, un siècle auparavant, les rivages d'Ostie, lorsque Monique et Augustin s'y entretenaient des béatitudes de la vie future.

Un soir, Scholastique ne pouvant retenir le saint, comme elle l'aurait voulu, pria Dieu de faire gronder un orage. Le ciel ayant exaucé cette prière, Benoît ne put remonter au Cassin et passa la nuit près de sa sœur. Ce fut, en ce monde, leur dernière entrevue. Trois jours après, saint Benoît vit en songe l'âme de la sainte emportée par les anges. Un peintre illustre a donné à cette vision les vives couleurs de son génie. Sainte Scholastique, les mains croisées sur la poitrine, l'œil immobile, est enlevée au milieu des nuages. Saint Pierre et saint Paul et deux jeunes martyres, couronnées de fleurs virginales, sont descendus pour servir de cortége à la sainte. L'un des deux apôtres, regardant Benoît et montrant du doigt le ciel, semble dire : Sois sans inquiétude, nous l'emmenons dans le sein de Dieu. Le saint, à genoux sur la terre nue, les mains étendues dans l'attitude de l'étonnement, jette sur sa sœur un regard à la fois douloureux et confiant. C'est une des belles œuvres d'Eustache Le Sueur [1].

1 Le tableau est au Louvre, dans le grand salon, sous le n° 523.

Les plus grands personnages de l'histoire ont visité ces lieux. Carloman, frère de Pépin le Bref, prit l'habit au Mont-Cassin; ses restes, placés dans une urne d'or, y sont encore aujourd'hui. Charlemagne, au retour d'une expédition, s'arrêta au monastère. Didier, qui gouverna ensuite l'Eglise sous le nom de Victor III, fut l'un des plus célèbres abbés du couvent. Saint Grégoire VII et Didier demeurèrent une nuit seuls à prier sur le tombeau de saint Benoît. Innocent III vint aussi demander à cette solitude le recueillement dont il avait besoin, au temps agité où Dieu le mit sur le trône de Saint-Pierre. Enfin, pour clore une liste qui serait interminable, saint Thomas d'Aquin fut élève de l'école de l'abbaye, dès l'âge de douze ans.

Depuis, tous les amis de l'Eglise, des sciences, des lettres et des arts sont venus de siècle en siècle contempler ces cloîtres, travailler dans le silence de la riche bibliothèque du monastère, compulser ses manuscrits et ses chartes, surtout vivre dans l'intimité des pieux successeurs de saint Benoît.

« Nous les avons parcourues souvent avec eux, dit un de leurs récents historiens, ces belles et longues galeries voûtées, conduisant à des chambres spacieuses, où l'air et le soleil ne font pas défaut, et d'où la vue n'est bornée par aucun obstacle. Au sommet de sa montagne, le moine bénédictin, dégagé des vains bruits de la terre, peut, du fond de sa cellule, contempler Dieu dans la plus admirable de ses œuvres, et par suite éprouver de ces ravissements intimes qui font oublier aux âmes rêveuses les douleurs de la passion et les amertumes du sacrifice. On l'a remarqué souvent et c'est le lieu de le rappeler ici, la plupart des fondateurs d'ordres religieux ont montré une connaissance profonde du cœur humain, en choisissant, pour y bâtir leur première demeure, les sites à la fois les plus beaux et les plus recueillis. C'était un dédommagement offert à la faiblesse et aux tendances naturelles de l'homme, qui sent toujours le besoin de retremper sa foi aux sources vives de la nature, pour remonter ensuite du spectacle de la création à la sublime idée du créateur [1]. »

1 *Les Monastères bénédictins d'Italie*, par Alphonse Dantier; ouvrage couronné par l'Académie française. — Paris. Didier et Cie; 2 vol.

III

LE GOLFE DE NAPLES.

LES EAUX DE BAIA.

En arrivant à Naples, échappez, si vous le pouvez, à cette nuée d'importuns *facchini*, prêts à rendre mille services dont on n'a que faire, et garez-vous des voitures qui vous poursuivent jusque sur les trottoirs. Grimpez dans un de ces petits véhicules à deux places, aux roues mal jointes et criardes, aux allures peu rassurantes.

Le cocher a largement distribué les gros mots et les coups de fouet à ses confrères jaloux, les roues s'ébranlent, la voiture part au grand trot.

Un peu d'indulgence, s'il vous plaît, pour le

gamin parasite qui s'est assis près du cocher et vous expliquera durant le trajet, en patois napolitain dont vous ne saisirez pas un mot, le panorama que vous aurez sous les yeux. Ici, tel palais, là, telle église. Voici le Vésuve, voilà Portici, et ce petit point blanc, là-bas, là-bas, c'est la maison d'un pêcheur de la *Marina di Capri.*

C'est le temps de recommander votre âme à Dieu et de songer à l'autre monde. Le patineur sur la glace, l'hirondelle dans les airs fendent l'espace moins vite que ne le fait ce petit cheval sur les larges et glissantes dalles de marbre brut qui tapissent les quais de Naples. — *Pian piano!* criez-vous au cocher. — *Niente paura, niente paura, Eccellenza,* répond-il, en se retournant pour vous rassurer de la voix et du geste, au risque d'accrocher pendant ce temps la roue de cent voitures qui s'entre-croisent et volent du même galop près de la vôtre. Si le cheval a fait dix faux pas et s'est agenouillé trois fois seulement sur les dalles, estimez-vous heureux.

Notre première excursion fut pour le couvent des Camaldules, bâti sur le point le plus élevé des environs de Naples. Du jardin, on embrasse le plus ravissant des horizons terrestres.

Aux premiers âges du monde, ce qui s'appelle aujourd'hui le golfe de Naples n'était autre chose qu'une immense montagne semblable à l'Etna. C'est du moins l'avis des savants et je me garderai de les contredire. Il est probable même que cette vaste partie de mer qui s'étend de Naples à la Sicile était remplie par une chaîne de montagnes volcaniques dont le Vésuve, au nord, et l'Etna, au midi, formaient les deux premiers et puissants anneaux. Des bouleversements formidables s'accomplirent, sans doute en plusieurs siècles, la terre vomit des flammes, les montagnes s'écroulèrent, et dans ces gouffres béants de fumée et de soufre la mer se précipita pour les éteindre à jamais. L'océan regagna son niveau, laissant seulement à sa surface ces immortelles et poétiques épaves qu'on nomme, près de Naples, Ischia, Procida, Nisida, Capri, et près de la Sicile, l'archipel d'Eole ou de Lipari. De vastes cratères gisent encore sous les flots, et parfois les volcans, se révoltant contre la mer leur souveraine maîtresse, font retentir à la Sicile, et jusques à l'Afrique, les grondements de leur colère comprimée.

Le golfe de Naples est un de ces cratères. Les îles d'Ischia, de Procida, de Nisida, de

Capri; les villes de Pouzzoles, de Naples, de Castellamare et de Sorrente, marquent les bords de cette immense et merveilleuse coupe comme des perles fines autour d'un vase d'émail bleu de ciel.

A l'orient, le Vésuve domine majestueusement la position. La lave un instant refroidie du volcan serpente en longues coulées sur le flanc noir et inculte de la montagne et semble descendre à la mer avec l'impétuosité d'un torrent. Plus loin, un peu à droite, des montagnes bleues, rouges ou roses, suivant les caprices de l'heure. Voici le cap de Sorrente et la pointe de Massa, tous deux couverts d'orangers, de citronniers, de cactus et d'aloès, puis une large échappée sur le vide. Enfin, pour clore l'horizon, les rochers de Tibère et du Solaro, dont les crêtes aiguës surmontent l'île de Capri mollement étendue et comme bercée sur les flots, pareille à un grand navire toujours à la voile.

Au bas de ce bizarre amphithéâtre d'un diamètre de six lieues environ, architecture gigantesque de la nature et du chaos, apparaissent, le pied dans la mer, comme des nymphes antiques sortant du bain, ces délicieuses villes dont les noms eux-mêmes sont des chants : Portici, Torre del Greco, Torre dell'Annunziata, Castellamare, Sorrento, et les flancs boisés des montagnes, et les villas des princes napolitains. Toutes ces merveilles miroitent aux yeux sans qu'on puisse, au premier abord, en saisir le détail. Les contours seuls sont marqués, le reste flotte dans l'atmosphère, enveloppé d'azur et de rose, et ce n'est qu'en fixant longtemps ce panorama vraiment féerique qu'on peut affirmer où commence le ciel, où finissent les flots.

Plus près de nous, voici le palais de Capo di Monte et la Chartreuse de San Martino. Plus bas, c'est Naples, dont la voix, si souvent frémissante de passions politiques, trouble constamment le calme des cloîtres qui la protégent.

A l'occident, l'horizon n'est pas moins immense. C'est le golfe de Gaëte; par un beau temps, on peut distinguer le môle. Enfin, à nos pieds, Pouzzoles, Baia, les lacs d'Agnano, de Lucrin, d'Averne, et, au milieu de tous les soulèvements volcaniques, les Champs-Elysées et les lieux immortalisés par Virgile dans le sixième chant de l'*Enéide*. En face, sur la crête du Pausilippe, c'est le tombeau du poëte. A Sorrente, sur la rive opposée, le berceau du Tasse, au Pausilippe, la tombe de Virgile : les grandes figures des deux poëtes se dressent ainsi l'une devant l'autre et ne sont point étonnées de se rencontrer du regard.

Là, nous vint la première idée d'écrire ce livre et d'y grouper, d'une part, les traditions qui concernent le tombeau de Virgile et la descente d'Enée dans les enfers; de l'autre, quelques traits se rattachant à la vie et à la mort du Tasse.

Mais, avant d'aborder ce travail, nous avons cru qu'il nous était permis de jeter un coup d'œil d'ensemble sur ces lieux et les souvenirs qu'ils rappellent. Qu'auraient pensé nos lecteurs si nous leur eussions dit brusquement, sans la moindre précaution : voici la porte des enfers, entrons?

A son extrémité, le quai de la Chiaja se divise en deux branches : l'une, à gauche, conduit à la Mergellina, cité des pêcheurs; l'autre, plus à droite, aboutit à la grotte du Pausilippe. Cet affreux tunnel est long d'un kilomètre environ. Il a été percé par Agrippa pour faciliter les communications entre Naples et Pouzzoles. Des reverbères suspendus à la voûte jettent sur ces parois lugubres une lueur blafarde et vacillante et sont trop peu nombreux pour qu'on puisse éviter d'accrocher en route les voitures qui passent. En été, la fraîcheur de la grotte est pernicieuse, et, presque en tout temps, la poussière vous aveugle. Les deux vastes entrées de cette caverne ont seules un aspect un peu original. Les pampres de vigne folle, les lierres et les chèvrefeuilles descendent nonchalamment en guirlandes des hauteurs de la colline et dissimulent les contours des entrées de la grotte. Lorsqu'on arrive au milieu de ce souterrain, on jouit d'un assez curieux effet de perspective : les deux ouvertures, singulièrement réduites en raison de la distance, apparaissent comme deux astres immobiles. Mais cette vue ne fait pas oublier l'atmosphère malfaisante dont on se trouve enveloppé ; la grotte du Pausilippe est, en effet, le réceptacle d'une foule d'immondices. L'Italien méridional n'est pas encore tout à fait familiarisé avec les mille recherches que notre délicatesse française a tant développées. Quand l'administration inaugura dans les rues de la ville un monument très-vulgaire en France, mais que je ne saurais nommer ici ni en français, ni en italien, ni en anglais, ni même en latin, malgré la permission de Boileau, les *facchini* du port, successeurs des célèbres lazzaroni, jugèrent un pareil luxe absolument superflu et hors de propos et firent, en une nuit, justice et profit de ces plaques de marbre blanc fort bien poli.

En sortant des entrailles du Pausilippe, on retrouve avec bonheur la lumière du jour, l'azur du ciel et la riche végétation des campagnes napolitaines. La route est plate et droite; de nombreuses voitures et quelques corricoli la sillonnent à toute heure; elle est bordée de peupliers reliés ensemble par des guirlandes de vignes. Cette route conduit à Pouzzoles et à Baia.

Au temps des Romains, le port de Putéoles était à la fois l'entrepôt de tout le commerce de l'Egypte avec l'Italie et un lieu de plaisir. Les riches qui n'avaient pu trouver de place à Baia venaient à Putéoles, également remarquable par ses sources d'eaux froides et chaudes. Aujourd'hui, Pouzzoles est une petite ville coquette, parsemée de villas et de jardins. On voit à Pouzzoles des ruines curieuses, entre autres le temple de Sérapis et l'amphithéâtre où se donnaient parfois des fêtes impériales. Dion Cassius raconte que Néron y fit représenter des chasses devant Tiridate, roi d'Arménie, et que ce dernier, lançant son javelot, tua deux taureaux d'un seul coup. Si nous rencontrons Dion Cassius aux enfers, nous lui demanderons des explications sur le coup merveilleux de Tiridate. Provisoirement, nous n'obligeons personne à croire sur parole Dion Cassius qui devait être un peu chasseur lui-même.

Comme nous arrivions à Baia, on nous montra sur la gauche, près de la mer, un monceau de ruines qu'on dit être le sépulcre d'Agrippine. Des savants croient qu'il faut plutôt y voir les restes d'un théâtre; mais qu'importe? Le temps ne saurait effacer le souvenir du parricide et les deux noms abhorrés d'Agrippine et de Néron.

Ce prince cherchait depuis longtemps à se débarrasser de sa mère dont l'ambition gênait la sienne. Il n'hésitait que sur les moyens à prendre. Le poison semblait fait pour ce crime, mais comment, aux yeux d'une foule toujours soupçonneuse, attribuer ensuite la mort au hasard, quand Britannicus venait de périr par le même moyen à la table même de l'empereur? Le poignard? mais personne ne se ferait illusion, le sang accuserait un assassinat. Tacite nous apprend de quelle manière Néron sortit d'embarras. Comment, en un pareil lieu, ne pas relire ce dramatique récit?

« Anicetus, dit le grand historien, offrit ses services. Cet affranchi, commandant de la flotte de Misène, autrefois gouverneur de Néron, nourrissait contre Agrippine une haine que cette dernière lui rendait bien.

« Il démontre qu'il est possible de construire un vaisseau dont une partie, se détachant à l'improviste en pleine mer au moyen d'une machine, engloutira la mère du prince. Rien de plus fécond en hasards que l'océan; Agrippine périssant par un naufrage, qui sera assez injuste pour chercher un crime dans l'œuvre des vents et des flots? Le prince élèvera à sa mère infortunée un temple et des autels, et donnera mille autres preuves de sa piété filiale.

« Cette invention fut d'autant mieux goûtée de Néron que les circonstances la favorisaient. Il célébrait alors à Baia les fêtes de Minerve. Il y attire sa mère, disant partout qu'il importe de supporter l'humeur fâcheuse des siens et d'apaiser ses propres ressentiments. Propos hypocrites destinés à faire croire qu'il veut se réconcilier avec Agrippine, laquelle ne manquera pas d'accepter le bruit avec cette crédulité et cet empressement si communs aux femmes.

« Il vint sur le rivage au-devant de sa mère

qui arrivait d'Antium, lui tendit la main, l'embrassa et la conduisit à Bauli : c'est le nom d'une villa baignée par la mer, entre le cap Misène et le golfe de Baia. Un vaisseau plus orné que les autres attendait, dans le port, celle qui avait donné le jour à l'empereur, comme si l'on eût voulu pour elle épuiser tous les honneurs ; elle avait, en effet, coutume de se servir simplement des trirèmes et des rameurs de la flotte. Enfin, on l'avait conviée à un grand festin, ce qui permettait d'envelopper le crime dans les ombres de la nuit.

« On croit généralement que le secret avait été trahi et qu'Agrippine, avertie du complot, se fit cependant conduire à Baia dans sa litière, hésitant à ajouter entièrement foi à un pareil crime. Là, les caresses de Néron dissipèrent ses soupçons. Il fut plein de tendresse pour sa mère, à laquelle il avait donné la place d'honneur, au-dessus de lui. On parla de choses et d'autres. L'empereur mit dans ses discours tantôt la familiarité d'un enfant avec sa mère, tantôt la gravité de l'âge mûr. Après le festin, qui se prolongea beaucoup, il reconduisit Agrippine, la couvrant de baisers et la tenant serrée contre son cœur : comble de dissimulation, ou dernier attendrissement d'un être féroce à la vue de sa mère qui va périr!

« Une nuit brillante d'étoiles, une mer calme comme la nuit, semblaient préparées par les dieux pour être témoins du crime.

« Le navire n'avait pas encore gagné le large. Agrippine était accompagnée de deux personnes de sa suite habituelle, Crepereius Gallus qui se tenait près du gouvernail, et Acerronia assise auprès du lit de sa maîtresse. Elle lui rappelait avec joie le repentir de son fils et le crédit qu'elle venait de recouvrer. Soudain, à un signal donné, le plafond de la chambre s'écroule sous une charge énorme de plomb. Crepereius écrasé expire sur-le-champ; Agrippine et Acerronia sont protégées par les côtés du lit assez élevés au-dessus d'elles, et par bonheur assez forts pour résister au poids.

« Cependant, le vaisseau tardait à s'ouvrir. L'agitation était profonde et la plupart des passagers, étrangers au complot, gênaient les exécuteurs dans leurs mouvements. Les rameurs eurent tout à coup l'idée d'incliner d'un même côté pour submerger ainsi le navire, mais l'accord ne fut pas unanime et quelques-uns faisant contrepoids rendirent la chute impossible. Pendant ce temps, Acerronia, ayant l'imprudence de se faire passer pour Agrippine, criait qu'on sauvât la mère de l'empereur : elle fut massacrée à coups de crocs, de rames et d'instruments qui tombèrent sous la main des gens de l'équipage. Agrippine garda le silence et fut moins remarquée, mais elle reçut pourtant une blessure à l'épaule. Elle se jeta à la nage, rencontra une barque, gagna le lac Lucrin et se fit de là transporter à sa maison de campagne.

« Alors, se rappelant la ettre perfide qui l'avait attirée, les honneurs inaccoutumés dont elle avait été l'objet, ce naufrage dans le port même, ce navire semblable à une machine de guerre, qui se divisait en deux parties sans avoir été le jouet des vents ou des écueils ; puis, examinant avec attention les circonstances du meurtre d'Acerronia et voyant sa propre blessure, elle comprit que le seul moyen de ne pas tomber dans les piéges qu'on lui tendait était de paraître les ignorer. Elle envoya donc l'affranchi Agerinus annoncer à son fils que, par la bonté des dieux et la fortune qui accompagne les Césars, elle venait d'échapper à un grand danger ; qu'elle le priait, malgré la frayeur qu'il allait ressentir à la pensée du péril couru par sa mère, de différer sa visite, car elle avait en ce moment besoin de tout son repos.....

« Néron attendait avec anxiété la nouvelle de l'heureux accomplissement du forfait, quand il apprend qu'Agrippine, saine et sauve, atteinte d'une légère blessure, a été victime de ce complot jusque-là seulement qu'elle ne peut en méconnaître l'auteur. Alors, anéanti par l'effroi, il croit la voir là, sous ses yeux, avide de vengeance, armant ses esclaves, entraînant l'armée ou bien se montrant au sénat et au peuple pour leur dénoncer son naufrage, sa blessure, le meurtre de ses amis....

« L'opinion de Burrus fut qu'Anicetus devait remplir jusqu'au bout sa promesse. Celui-ci se charge avec empressement de consommer le crime. Aussitôt Néron s'écrie qu'en ce jour il reçoit l'empire et qu'il tient de son affranchi ce magnifique présent! Qu'Anicetus parte donc au plus vite et emmène avec lui des hommes dévoués.

« De son côté, apprenant que l'envoyé d'Agrippine, Agerinus, demande audience, il prépare aussitôt une scène qui dépasse les bornes de la scélératesse. Pendant qu'Agerinus expose son message, il jette un glaive entre les jambes de cet homme, puis le fait garrotter comme un assassin pris en flagrant délit, se proposant de faire croire que sa mère, après avoir attenté aux jours de l'empereur, épouvantée de voir son infâme dessein découvert, s'est donnée la mort spontanément.

« Pendant ce temps le bruit s'est répandu qu'Agrippine est sur le point de périr. Chacun attribue l'événement aux hasards de la mer. On accourt sur le rivage, on monte sur les digues; on se jette dans les barques les plus proches. Les uns à force de rames s'avancent au loin, les autres tendent leurs mains vers le vaisseau. On s'interroge, on fait des vœux, toute la côte retentit du murmure confus de questions et de réponses incertaines. Une foule immense s'agite à la lueur des torches. Enfin, on apprend qu'Agrippine est sauvée, et déjà on se dispose à l'aller féliciter, quand une troupe armée et menaçante vient disperser ces groupes effrayés.

« Anicetus fait cerner la maison, brise la porte, arrête les esclaves sur son chemin et arrive à l'appartement d'Agrippine. La plupart des gens qui en gardaient l'entrée avaient fui saisis d'effroi à l'approche des envahisseurs. Une faible lumière, une seule esclave veillaient auprès d'Agrippine qui était de plus en plus inquiète de ne voir revenir personne de chez son fils, pas même Agerinus. Rien de ce qui va se passer ne lui semble de bon augure : cette solitude où elle se voit, ce bruit d'armes qu'elle vient d'entendre, tout lui annonce un dernier crime. Comme la suivante s'enfuyait : — Toi aussi, dit-elle, tu m'abandonnes? — Au même instant, Anicetus, accompagné du triérarque Herculéius et d'Obaritus, centurion de la flotte, apparaît sur le seuil. Agrippine lui dit que, s'il était venu pour s'informer de son état, il pouvait annoncer qu'elle était remise de sa frayeur; que s'il venait pour commettre un crime, elle n'entendait pas qu'on en accusât son fils, incapable d'avoir ordonné un parricide.

« Les assassins entourent son lit et le triérarque lui décharge le premier un coup de bâton sur la tête; alors voyant le centurion tirer son glaive pour la tuer : « Frappe au ventre, » s'écria-t-elle, en se jetant elle-même au-devant des coups. Et elle expira couverte de blessures....

« Cette nuit-là même, on brûla le corps d'Agrippine sans le moindre honneur, sur une table servant aux repas; et, tant que Néron fut empereur, jamais aucun monument, aucune pierre ne protégea les cendres de sa mère. Plus tard, des esclaves fidèles enfermèrent ces restes dans un tombeau près de la route de Misène et de cette villa du dictateur César, des hauteurs de laquelle on aperçoit les moindres contours du golfe [1]. »

Le beau ciel qui vit Néron préparer et accomplir cet effroyable forfait, le sol ensanglanté par ce drame, sont célébrés par les poëtes et les écrivains de tous les temps. Horace ne connaît rien au monde de plus enchanteur,

Nullus in orbe sinus Baiis prælucet amœnis.

Cicéron fait, à plusieurs reprises, un délicieux tableau de ce rivage [2]. Ovide parle des navires pavoisés sillonnant ses flots et des eaux chaudes qui attiraient tant de baigneurs [3]. Pline, après avoir énuméré les eaux les plus connues, déclare qu'aucune ne surpasse celles qu'on trouve sur les bords du golfe de Baia [4]. Le grand mora-

1 Tac., *Ann. XIV.*

2 Ad Attic., I, 16, et II, 8, 11. — *Pro Cœlio,* 11.

3 Quid referam Baias prætextaque litora velis,
Et, quæ de calido sulfure fumat, aquam?
(*De Art. Am.*, I.)

4 Nusquam tamen largius aquæ, quam in Baiano sinu, nec

liste du temps, Sénèque, qui écrivait, comme on sait, sur une table d'or, de fort belles considérations sur la pauvreté, ne rencontre pas sous son stylet de paroles assez sévères pour flétrir le luxe insensé et les plaisirs enivrants de Baia : ce n'est point là, dit-il, que doit venir un sage [1]. Martial, qui s'occupait de morale à ses moments perdus, prétend que les dames romaines arrivaient à Baia semblables à Pénélope et s'en retournaient à la façon d'Hélène.

Les innombrables villas de Baia étaient ornées des dépouilles du monde entier. Par un raffinement de bien-être, plusieurs de ces riches habitations s'élevaient au-dessus de la mer : l'air y était plus pur et plus frais. Les eaux chaudes sulfureuses, alumineuses, salées, nitreuses et bitumineuses qui s'échappaient des montagnes voisines, étaient recueillies dans des citernes assez vastes pour qu'on y pût nager à l'aise, et, de là, des tuyaux conduisaient la vapeur jusque dans les maisons les plus hautes. Ces citernes appartenaient pour la plupart à des patriciens ; le vul-

pluribus auxiliandi generibus : aliæ sulfuris, aliæ aluminis, aliæ salis, aliæ nitri, aliæ bituminis; nonnullæ etiam acidâ salsâve misturâ. — *Plin.*, XXXI, cap. I.

1 Epist. LI.

gaire prenait les bains dans un établissement public situé au-dessus de la ville, au milieu d'un bois de myrtes.

Une fois sur cette plage séductrice, on devenait fatalement l'esclave du désœuvrement et des passions [1]. Un pareil séjour devait donc plaire au voluptueux Horace. Cependant, écrit-il fort en colère à Numonius Vala, croiriez-vous que je ne me dirige aujourd'hui ni vers Cumes ni vers Baia! Un médecin à la mode, celui qui guérit Auguste en lui faisant prendre des douches glacées, et causa la mort de Marcellus avec le même remède [2], Antonius Musa, n'est point partisan des eaux thermales; il n'ordonne que les bains froids de Vélie et de Salerne. Le poëte est bien forcé d'obéir. Il se console, du reste, pour peu qu'à défaut du vin du pays, dont il ne se soucie pas, on trouve une eau bien pure, du gibier, du poisson, toutes choses enfin qui lui permettent de revenir gros et gras comme un vrai Phéa-

1 Dum nos blanda tenent lascivi stagna Lucrini.
(Mart. *Epig.*, IV, 57.)

Littus beatæ Veneris aureum Baias
Baias superbæ blanda dona naturæ.
(Mart. *Epig.*, XI, 80.)

2 Dion., LIII, 30.

cien [1]. Horace devait regretter aussi les huîtres du Lucrin, vantées par tous les gourmets de l'époque, et dont il parle lui-même en plusieurs endroits [2]. Un homme « ayant du palais, » comme on disait alors, était obligé, s'il ne voulait perdre sa réputation [3], de reconnaître, au premier coup de dent, une huître du Lucrin au milieu d'autres provenant du promontoire de Circé ou de Brindes.

L'auteur de *Rome au siècle d'Auguste* esquisse, en ces termes, d'après les historiens et les poëtes, la vie des eaux à Baia :

« Ici comme à Rome, comme dans toute l'Italie, on se tient renfermé pendant la chaleur du jour; mais le soir tout le monde sort. Alors l'Averne et le Lucrin se remplissent de baigneurs et de baigneuses, qui joignent au plaisir du bain celui de la natation, et sillonnent la surface transparente et docile de ces belles eaux. Au mi-

1 Hor., *Epist.* I, 15. — L'usage des bains froids était également fort répandu dans l'antiquité. M. le docteur E. Arqué, d'Orléans, a écrit sur ce sujet une thèse très-intéressante qui a pour titre : *Considérations générales et pratiques sur l'hydrothérapie, précédées de quelques recherches sur l'emploi de l'eau froide chez les anciens;* Paris, 1858.

2 Petron. *in Satyr.* — Hor., *Epod.* II; *Epist.* II, 4.

3 *Eos palatum non habere.* A. Gell., XV, 8.

lieu de cette foule d'hommes et de femmes, que l'on prendrait pour les Tritons et les Néréïdes de ces lacs, glissent des centaines de barques et de nacelles élégantes, décorées presque toutes avec une magnificence voluptueuse : les unes ont leur proue argentée ou dorée; d'autres, leur poupe surmontée d'un *aplustre* recourbé en panache, ou d'un *chénisque* d'or. Les plus simples sont peintes en minium. La rame ou la voile pousse ces embarcations. Les rames sont légères, brillent de nacre ou de lames d'argent; les voiles sont de pourpre ou du lin le plus blanc, sur lequel on a représenté des sujets érotiques, et inscrit, avec le nom du propriétaire de la barque, quelque pensée empruntée à la philosophie épicurienne. Des cordages de couleurs variées forment le gréement de ces navires coquets, dont la décoration est complétée par un petit mât implanté sur l'arrière, et portant une longue bandelette d'étoffe qui se déploie au gré du zéphir. On ne voit guère, dans ces embarcations, que des femmes galantes, des courtisanes, des jeunes gens ou des gens perdus de mœurs. Les promenades se prolongent fort tard; on soupe sur l'eau, on parfume le lac de roses que l'on y jette, et qui dérobent presque ses ondes à la vue. Des concerts de musique accompagnent ces promenades, et pendant toute la nuit on n'entend que des symphonies, que des chansons lubriques, répétées par les coteaux d'alentour [1]. »

Rien de cette splendeur païenne n'existe aujourd'hui. Çà et là quelques belles ruines de temples, et de nombreuses substructions, visibles sous les flots, marquent le passage d'une antique civilisation, mais les lyres se taisent, les échos sont muets, les danses ont cessé, on ne respire plus le parfum des roses auprès du Lucrin, et les voluptueuses villas de Marius, d'Hortensius, de Lucullus, de Pompée, de César, de Pison, ont cédé la place à de vilaines masures, à deux ou trois mauvaises auberges où l'on mange le macaroni à pleines mains.

En foulant cette terre où l'imagination réveille tant d'impérissables souvenirs, nous relisions les vers de Virgile. Au-dessus du lac Averne et du lac Fusaro il nous semblait voir voltiger dans l'espace ces vies sans corps, ces formes vagues et insaisissables, *tenues sine corpore vitas.... cava sub imagine formæ,* que le héros du poëte rencontra

1 *Rome au siècle d'Auguste,* par Ch. Dezobry, t. III, lettre 84.

dans ces mêmes lieux. Ces navires qu'une brise légère balançait sur le golfe à travers des faisceaux de lumière, n'était-ce point, par aventure, la flotte d'Enée naviguant sur la mer Tyrrhénienne? Ecoutez le chant lointain du pêcheur : ne dirait-on pas, à s'y méprendre, le cri de joie des matelots troyens apercevant la patrie nouvelle, promise par les destins? *Italiam! Italiam!*... Oui, c'est l'Italie, le berceau d'un monde qui va naître, et déjà, soulevant le voile de l'avenir, nous pouvons entrevoir la fondation de Rome.

IV

LA CAMPANIE INFERNALE.

VÉRACITÉ DE VIRGILE.

Il est facile de descendre aux enfers, mais n'en revient pas qui veut, nous dit la Sibylle de Cumes. Seuls, des enfants des dieux, amis de Jupiter ou doués d'une intrépidité et d'une vertu surhumaines, ont pu entreprendre un tel voyage, puis revenir sur leurs pas et revoir la lumière du jour.

> Pauci quos æquus amavit
> Juppiter, aut ardens evexit ad æthera virtus
> Dîs geniti potuêre.

Pour peu que vous soyez d'aussi haut lignage, suivez-nous à travers les sombres domaines de

Proserpine et de Pluton. Le fameux rameau d'or, indispensable pour en franchir le seuil, est entre nos mains. Bien que Vénus, mère d'Enée, n'eût point envoyé vers nous ses blanches colombes pour nous guider, le rameau conducteur nous apparut, comme au Troyen, brillant du plus vif éclat, lorsque nous explorâmes cette langue de terre qui s'étend du lac actuel de Licola jusqu'au cap Misène. Quelques-unes de ses feuilles étaient disséminées dans les bibliothèques de Naples, de Rome et de Paris : nous les avons recueillies et rattachées à la branche avec un soin scrupuleux.

La descente d'Enée aux enfers, nous le confessons très-volontiers, intéresse médiocrement l'avenir de la société; néanmoins, nous croyions que l'érudition s'était attaquée à ce sujet comme à tant d'autres.

Deux auteurs seulement ont eu la même pensée que nous. Le premier est un savant chanoine napolitain, André de Jorio, qui a écrit une brochure intitulée : *Viaggio di Enea all' inferno ed agli Elisii secondo Virgilio* [1]; le second est

1 *Napoli, Stamp. reale,* 1823. — Une troisième édition, qui ne diffère pas de la première, a paru à Naples en 1831 *(Stamp. del Fibreno).* La première partie est un récit

M. Mezières dont la thèse latine pour le doctorat porte ce titre : *De fluminibus inferorum* [1].

Avant ces deux auteurs, le célèbre archéologue saxon, Heyne, avait abordé le sujet sans le traiter au point de vue particulier qui nous intéresse. Toutefois, son édition de Virgile, incomparable monument d'érudition, a souvent facilité nos recherches et nous a fourni de solides arguments [2].

abrégé des faits contenus dans le sixième livre de l'*Enéide* la seconde est une étude sur les lieux infernaux qui avoisinent les villes de Naples et de Pouzzoles. Une carte du voyage d'Enée aux enfers est annexée à l'ouvrage.

Dans le *Bulletin archéologique de Naples* (nouv. sér. juillet 1858, p. 172), M. G. Scherilli parle de « l'infatigable » chanoine de Jorio et de son « *précieux voyage d'Enée aux enfers,* » dans des termes qui donnent à penser que cet opuscule fait autorité auprès des érudits napolitains et qu'il est unique en son genre. Nous avons pu d'ailleurs nous en convaincre d'une manière absolue.

1 Paris, Joubert, 14, rue des Grès, 1853. — Ce travail, le plus complet qui existe en France sur la matière, est cependant consacré particulièrement à l'étude de l'enfer d'Homère et ne traite que d'une manière incidente de l'enfer de Virgile.

2 *P. Virgilius Maro qualem omni parte illustratum tertio publicavit Christian Gottlob Heyne,* édit. Lemaire, 8 vol. in-8°, 1819. — Dans cet ouvrage, chaque vers de l'*Enéide* est accompagné de recherches qui dénotent une connaissance extraordinaire de l'antiquité classique. En outre, tous les chants du poëme sont suivis d'une série d'étu

Un grand nombre d'érudits anciens et modernes, et la plupart des commentateurs du poëte, ont aussi parcouru avec complaisance, quoique beaucoup plus rapidement, les lieux où se joue le drame du sixième livre de l'*Enéide*. Nous croyons pouvoir affirmer qu'aucun d'eux

des ou *Excursus*. Voici les titres des quinze *Excursus* qu se rapportent au sixième livre de l'*Enéide :*

I. *Necyæ in poetarum carminibus frequentatæ.* — II. *Locorum circa Avernum descriptio, seu topographia agri Cumani.* — III. *Eadem topographia ad mentem Maronis.* — IV. *De Æneæ accessu ad Italiam.* — V. *Deiphobe Sibylla et sacerdos.* — VI. *Ramus aureus.* — VII. *De Miseno.* — VIII. *Chrorographia locorum inferorum ex poetæ mente.* — IX. *De fluminibus inferorum.* — X. *Descensus ad inferos an ex initiis Eleusiniis sit adumbratus.* — XI. *De judicibus apud inferos; orgia bacchica poetarum usibus inservientia ; tempora descensus Æneæ ad Elysium.* — XII. *De Salmoneo.* — XIII. *Animarum origines et fata* — XIV. *Futurarum rerum prædictiones in epico carmine.* — XV. *Portæ somni.*

Au premier abord, on pourrait croire que nous aurions dû nous borner purement et simplement à traduire ces *Excursus*, où le sujet qui nous occupe semble complètement élucidé. Pour peu qu'on veuille parcourir le travail de Heyne, on s'apercevra que le savant Saxon s'est livré à des études qui diffèrent beaucoup de la nôtre. Une oudeux fois, Heyne descend sur le terrain topographique, mais il se hâte d'avouer aussitôt qu'il ne connaît pas assez les lieux pour en parler : *Notionem me non satis claram talis locorum situs habere lubens fateor.* (*Exc.* IX.)

ne nous a échappé [1]. Les pages qui suivent ne sont donc pas une œuvre de pure fantaisie, ne reposant absolument que sur des conjectures. Le séjour que nous avons fait à Naples, à plusieurs reprises, nous a permis de vérifier l'exactitude des traditions, et nous demeurons persuadé que Virgile ne s'est pas écarté notablement du chemin que nous avons pris nous-même.

On n'a pas coutume, en ce temps-ci, d'ajouter foi aux œuvres d'imagination. Il faut l'avouer, nous avons de bonnes raisons pour nous méfier. N'aurions-nous pas une singulière idée de l'histoire si on l'écrivait avec les documents fournis par certains romans à la mode ?

Il n'en allait pas de même dans l'antiquité. Horace, je le sais, affirme que les peintres et les poëtes ont le droit de tout oser : oui, dans le do-

1 Nous devons citer particulièrement :

Philippi Cluverii, *Italiæ antiq.*, t. II, lib. IV, c. 3. — *De cæteris Campaniæ locis maritimis, inter Puteolos et Minervæ promontorium*. Lugd. Batav., 1624. — *Géographie de Virgile*, par Helliez, nouv. édit. par Masselin, 1820. — *Voyage sur la scène des six derniers livres de l'Enéide*, par Ch. de Bonstetten ; nouv. édit. Paris, Cherbuliez. — *Virgilius nauticus*, par A. Jal, publié à la suite de la *Flotte de César* ; Didot, 1861, etc., etc.

maine de la fiction fabuleuse, leur fécondité à supposer les faits et les lieux ne connaissait point de limites; mais dans le récit des faits dont ils étaient les témoins, dans la description des lieux qu'ils avaient sous les yeux, les anciens étaient, en général, d'une véracité scrupuleuse. Ainsi, les républiques de la Grèce accordaient une telle confiance aux descriptions d'Homère, qu'un vers du poëte suffisait à trancher une question de limite territoriale. Et de nos jours où l'archéologie se plaît à interroger les moindres débris du monde antique, ne parvient-on pas, par le rapprochement des textes et des monuments, à reconstruire pièce à pièce des temples, des palais et jusqu'à des cités entières? Un vers d'Horace, une épigramme de Martial, n'ont-ils point permis à l'érudit de rétablir, non pas arbitrairement, mais d'une manière à peu près certaine, les plus petits détails du plan de l'ancienne Rome [1]? Et n'avons-nous pas nous-même entendu plus d'une fois, en nous promenant sur les collines du Palatin, un savant archéologue, armé de Suétone, de Tacite ou de Tite-Live, affirmer avec une incroyable précision, toujours

1 *Rome au siècle d'Auguste*, par Ch. Dezobry, 4 vol. in-8°.

sanctionnée par des fouilles ultérieures, qu'ici ou là, gisait telle ou telle partie du palais des Césars [1]?

Nous pourrions donc, sans trop de hardiesse, revendiquer pour Virgile le droit d'être cru sur parole, si nous ne savions, d'ailleurs, que l'exactitude de ses descriptions est un fait reconnu par un grand nombre d'auteurs. Pour n'en citer qu'un seul, Bonstetten déclare « que la moindre épithète de Virgile est en quelque sorte historique et sacrée. » Il l'a prouvé en nous conduisant, sans autre guide que le poëte, à travers toutes ces plaines du Latium immortalisées par les six derniers livres de l'*Enéide* [2]. Columelle avait déjà rendu à Virgile ce témoignage, lorsqu'il écrivait : *Veracissimo vati velut oraculo credidimus.*

Tous les biographes disent que Virgile habitait, à Rome, sur l'Esquilin, près des jardins de Mécènes, mais qu'il avait une prédilection marquée pour le séjour de la Campanie et de la Sicile.

1 Les jardins du Palatin, autrefois propriété du roi de Naples, avaient été achetés par Napoléon III qui chargea M. Pietro Rosa de rechercher les ruines du palais des Césars. Ces jardins ont été revendus, après la chute du second empire et l'entrée des Italiens à Rome, au gouvernement de Victor-Emmanuel.

2 *Le Latium ancien et moderne,* voyage sur la scène des six derniers livres de l'*Enéide*, par Ch. de Bonstetten Le

Le poëte possédait une villa sur le Pausilippe, à la porte de Naples, non loin du lieu où ses cendres reposent, si l'on en croit la tradition. C'est à Parthenope, lui-même nous l'apprend, qu'il composa les *Géorgiques* :

> Illo Virgilium me tempore dulcis alebat
> Parthenope, studiis florentem ignobilis otî [1].

Sans doute plusieurs chants de l'*Enéide* furent également écrits en ce lieu [2]. Le sixième chant est-il de ce nombre ? La vue du pays paraît le démontrer. Nous nous représentons le poëte faisant de fréquentes promenades aux alentours de sa villa et notant, afin de s'en servir comme d'un canevas pour son épopée infernale, la position des cavernes, des lacs, des collines et des vallées, et nous pouvons répéter, après un éminent écrivain qui a fait ainsi que nous une visite aux enfers : « Virgile a peint les lieux comme il les voyait [3]. » La plupart des commentateurs sont

travail que nous publions aujourd'hui, sur le sixième livre de l'*Enéide*, a quelque analogie avec celui que Bonstetten a composé sur les livres suivants.

1 *Georg.*, IV, 563.

2 Georgica septennio, Neapoli, Æneida partim in Sicilia, partim in Campania duodecim confecit annis. — *Tib. Cl. Donati vita Virgilii*, XI.

3 St-Marc-Girardin, *Souvenirs d'études et de voyages*. 1832.

d'accord sur ce point, et les archéologues napolitains n'hésitent pas à dire que Virgile s'est fidèlement appliqué, en plaçant les royaumes tartaréens dans les environs de Cumes, à décrire « toutes les particularités du site [1]. »

Au reste, que le sixième chant de l'*Enéide* ait été composé en Campanie ou en Sicile, que le poëte ait eu sous les yeux, immédiatement ou non, le pays dont il fait la description, il n'a point marché à l'aventure dans ce domaine de la fiction et s'est inspiré d'une tradition plusieurs fois séculaire, remontant, par de là les temps homériques, à l'époque fabuleuse où Hercule vint en Italie [2].

Toutefois, le poëte grec n'avait pas peu contribué à accréditer la tradition. L'éclaircissement de ce point est intéressant pour notre étude.

Homère conduit d'abord son héros en Afrique, puis dans un pays situé à l'occident de la Grèce, à l'île des Cyclopes, c'est-à-dire à l'une de

1 *Bull. archéol. napol.* Nuova serie, Luglio, 1858, art G. Scherilli.

2 Quædam Italiæ loca, jam eo quo cecinit Homerus tempore, infausta et inferna a Græcis habita esse... — *De Fluminibus inferorum*, par A. Mezières.

ces îles volcaniques de l'archipel d'Eole, aujourd'hui de Lipari. C'est bien là la patrie des vents, et les tempêtes sont encore fréquentes dans ces parages.

Ulysse arrive ensuite à l'île de Circé. « Fils de Laërte, lui dit un jour la fameuse magicienne, je ne te retiendrai pas malgré toi dans ma demeure, mais avant de rentrer dans ton île, tu dois tenter une autre aventure. Il faut descendre au séjour de Pluton et de la sombre Proserpine, pour consulter l'ombre de Tirésias, l'oracle de Thèbes... Quand tu auras franchi l'Océan, tu trouveras sur une rive doucement inclinée un bois consacré à Proserpine, d'immenses peupliers et des saules stériles : laisse flotter ton vaisseau sur ces gouffres profonds et descends *au noir séjour du roi des enfers*. Là, se perdent dans l'Achéron le Pyriphlégethon et le Cocyte qui est un des affluents du Styx [1]... »

La magicienne enseigne le moyen d'invoquer le peuple des ombres. Ulysse part. Une brise docile pousse le navire, les rames reposent inutiles, on s'abandonne à l'art du pilote et à la foi des vents. « Nos voiles sont enflées *tout le jour ;*

1 Hom., *Odyss.*, x, 488 et suiv.

puis le soleil se couche, et la nuit et ses ombres obscurcissent les routes. Nous entrons dans les profondeurs de l'océan, nous sommes suspendus sur ses abîmes. *Là, sont les Cimmériens* et leur ville qu'enveloppent d'épaisses ténèbres... Nous marchons toujours jusqu'aux lieux que Circé nous a marqués [1]... »

Ici commencent les invocations d'Ulysse et de ses compagnons. Les ombres lui apparaissent, comme à Enée dans le sixième livre de l'*Enéide,* et précisément, on va le voir, dans le lieu même où Virgile a placé, lui aussi, son enfer.

La tradition la plus constante fait planer, en effet, sur cette extrémité des marais Pontins appelée *Promontorium Circæum,* et de nos jours encore *Monte Circeo,* les légendes les plus fabuleuses. Suivant Pline, cette pointe était une île, l'île d'Æœa, demeure de Circé fille du soleil, et c'est ainsi que Virgile la désigne, au troisième livre de l'*Enéide :* « Tes rames, dit Hélénus à Enée, fendront lentement l'onde de Trinacrie, tes vaisseaux sillonneront les mers d'Ausonie, tu verras les lacs de l'enfer, puis Ææa l'île de Circé, avant de pouvoir fonder une ville sur une terre tranquille [2]. »

1 *Id., ibid.,* XI, 11. — 2 *En.,* III, 385.

D'après Pomponius Mela, géographe du temps de Claude, l'île d'Ææa fut le séjour de Calypso. Nous ne l'ignorons pas, ce petit coin de terre a exercé l'érudition de plus d'un savant, mais nul n'a pu en effacer le souvenir d'une magicienne célèbre, et on montre encore en ce lieu la *grotta della Maga* [1].

La position de l'île d'Ææa ou promontoire de Circé *(Monte Circeo)* étant ainsi fixée, nous pouvons déterminer celle de la cité des Cimmériens qu'on trouve, suivant Homère, comme nous venons de le constater, *à un jour de distance* [2] de l'île de Circé, et que tous les historiens s'accordent effectivement à placer près de Cumes et du lac Averne [3].

1 Ac. des Insc. et Belles-Lettres, dissertation sur *Ææa.*

2 Τῆς δὲ πανημερίης τέταθ' ἱστία ποντοπορούσης, les voiles du navire sillonnant la mer sont enflées *tout le jour.*

3 Voir notamment Ephore, orateur et historien grec (363 av. J.-C.); Lycophron, poëte grec (210 av. J.-C.); Strabon, v. Enfin, voici un texte très-explicite qui établit non-seulement ce point mais encore toute la topographie de ces parages : « In ora Savo fluvius, Vulturnum oppidum cum amne, Literum, Cumæ Chalcidensium, Misenum, portus Baiarum, Bauli, lacus Lucrinus et Avernus, *juxta quem Cimmeriorum oppidum quondam.* Dein Puteoli, colonia Dicœarchia dicti : postque Phlœgræi campi, Acherusia palus Cumis vicina. » Plin., *Hist. nat.,* III, V.

Mais il faut en finir avec Ulysse. Après avoir fait voile vers les îles des Sirènes, dont il allait subir les charmes si Périmède et Euryloque ne l'eussent fortement attaché, il rejoint la Sicile, évitant Charybde et Scylla, et regagne sa patrie [1].

Au revers de la côte de Sorrente, on peut voir encore, à peu de distance d'un lieu très-pittoresque appelé *Lo Scaricatojo,* les trois îles ou rochers dont parle ici le poëte grec. On nomme aujourd'hui *I Galli* cet abrupte et dangereux domaine des trois sirènes Leucosie, Ligée et Parthenope,

> Difficiles quondam, multorumque ossibus albos [2].

Et maintenant, l'itinéraire d'Ulysse étant connu, n'est-il pas facile de voir que Virgile, habitant du Pausilippe, a trouvé autour de lui, à la porte de sa villa, des traditions établies non-seulement par Homère, mais on peut le dire par un grand nombre de poëtes de l'antiquité [3], traditions dont il a fait usage, en les amplifiant toutefois notablement [4]?

1 *Odyss.,* IX et suiv. — 2 *Enéid.,* V, 865.

3 Nec Homeri modo mythica sollertia in his se exercuerat sed Νεκυίας condere, res videtur fuisse veteribus poetis pluribus frequentata. — Heyne, *Excurs.* I, *ad sext. libr. En.*

4 Virgilius tamen non minimum auxilii et præsidii ad suavi-

Le poëte grec, en effet, n'a point placé toutes ses scènes infernales dans la Campanie. La plus grande partie de son enfer est située en Grèce [1].

Un auteur, Le Riche [2], présente de judicieuses remarques sur toute cette légende infernale. Un lac sulfureux de l'Epire avait reçu le nom d''Αορνον, lieu funeste aux oiseaux; les Epirotes plaçaient ainsi l'enfer là où ils voyaient une cause de mort. Plus tard, les colons grecs de Cumes et de Pouzzoles, rencontrant les mêmes phénomènes dans le pays voisin de leur ville d'adoption, donnèrent à un lac ce même nom d''Αορνον, Averne. Une fois l'Averne trouvé, on imagina bientôt l'Achéron et le Cocyte pour désigner deux autres lacs des environs. De là

tatem et delectationem, hâc ipsa recordatione, amplificatione et exornatione veterum fabularum, ex Homero aliisque notarum habuisse videri debet (*Odyss.*, XI.) Heyne, *Excurs.* I. — Enimvero ingenii sui divini felicitatem declaravit Virgilius in hoc quod, quum eo ævo viveret, quo Græcitæ doctrina et sapientia satis jam vulgata erat, non in fabulis Homericæ ætatis acquievit, sed novum suæ Necyæ ornatum, cumque eximium, paravit ex philosophiæ imprimis platonicæ placitis. *Ibid.*

1 La thèse de M. Mezières, *De fluminibus inferorum*, a précisément pour but de démontrer ce point.

2 *Vues des monuments antiques de Naples*, par J.-M. Le Riche, 1825, in-folio.

prit naissance une tradition qui existait dans toute sa force lorsque Virgile écrivit le sixième chant de l'*Enéide* [1].

1 Suivant Tite-Live, XXIV, 12, Hannibal s'empara fort habilement de ces traditions pour dissimuler un mouvement militaire : « Indè Numidis Hispanisque ad præsidium simul castrorum simul Capuæ relictis, cum cætero exercitu ad lacum Averni per speciem sacrificandi, reipsa ut tentaret Puteolos quodque ibi præsidii erat, descendit. »

V

LA PLAGE DE CUMES.

LE TEMPLE D'APOLLON ET LA SIBYLLE.

Reportons-nous par la pensée à l'an 1182 avant Jésus-Christ; c'est à peu près à cette époque qu'ont dû se passer les événements racontés par Virgile. En effet, Denys d'Halicarnasse qui nous donne le récit du voyage d'Enée, comme s'il eût été l'un de ses compagnons, affirme que le héros troyen vint en Italie cinquante-cinq ans après la retraite d'Hercule [1]. Suivant le même historien, les Troyens fugitifs auraient abordé sur plusieurs points de la péninsule, notamment au pays des Opiques, c'est-à-dire au lieu appelé

1 *Ant. Rom.*, XI.

aujourd'hui le port de Misène; puis, après avoir touché l'île de Prochyta (Procida), la flotte aurait enfin jeté l'ancre à Laurente, aujourd'hui San Lorenzo, entre Antium et Ostie, dans le pays des Aborigènes.

On le voit, Virgile n'a point inventé le personnage d'Enée. Il n'a fait que prendre, dit Sainte-Beuve, un héros déjà connu et adopté pour ancêtre, non-seulement par la famille des Jules, mais par tous les Romains. Puis, ayant étudié la figure du guerrier troyen dans Homère, le critique fait observer que les écrivains et les poëtes se sont, pour ainsi dire, arrêtés respectueusement devant Enée. « Je ne vois pas, dit-il, qu'on ait fait de poëme d'Enée, de tragédie d'Enée. Il est bien question de lui dans un endroit conservé du Laocoon, une tragédie perdue de Sophocle; mais ce n'était qu'incidemment. C'est un sujet qu'on semble s'être entendu pour ne pas traiter, et qui attendait son Virgile... Et ce fut le bonheur de Virgile de n'avoir eu en rien à l'inventer, mais seulement à le recueillir, à le reconnaître et à le façonner en y mettant l'art souverain et la dernière main d'un divin ouvrier. Cet art consista à laisser son Enée le même, dans les traits principaux, que celui d'Homère, et à le faire toutefois ressemblant de profil par instants à l'idée d'Auguste, à lui imprimer l'idéal du héros et du prince tel que le demandait l'époque d'Auguste, et que le concevaient sa propre imagination et sa belle âme [1]. »

Mais Enée est-il vraiment venu en Italie? Nous avons sur cette grave question une dissertation de Samuel Bochart, philologue français du dix-septième siècle, que Bayle considérait comme l'un des plus grands savants du monde. Il soutient qu'Enée n'a jamais quitté la Troade [2]. Cet écrit parut en 1668 et souleva de nombreuses et violentes réfutations. Citons celles de Théodore Ryckius en 1684, et du P. Ambrogi, en 1764 [3]. On doit mentionner également l'opinion de M. Ampère, suivant lequel « nul écrivain sérieux ne saurait admettre qu'Enée soit

1 *Etude sur Virgile*, du personnage d'Enée avant Virgile.

2 *Lettre de M. Bochart à M. de Segrais*, ou *Dissertation si Enée a jamais été en Italie*, datée de Caen, 20 déc. 1663, publiée à la fin de la traduction de l'*Enéide* de Segrais.

3 Theodori Ryckii, *Dissertatio de primis Italiæ colonis et Æneæ adventu*, publiée à la fin de l'ouvrage intitulé : *Lucæ Holsteinii notæ et castigationes in Stephani Byzantii εθνικα, editæ a Th. Ryckio, Lugd. Batav. 1684.* — Ant. Ambrogi, s. j. *Virgilii opera*, 3 vol. in fol.; t. II : *De Æneæ in Italiam adventu dissertatio.*

venu en Italie [1]. » Sans nous jeter dans la mêlée où nous pourrions nommer beaucoup d'autres combattants, prenons le récit de Virgile et la tradition pour ce qu'ils valent.

Nous voici sur la plage. Après sept années de tempêtes et malgré les colères de Junon, Enée pleurant encore la perte de Palinure vient d'aborder sur le rivage euboïque, à peu de distance de Cumes. Déjà les matelots troyens s'agitent sur la rive. Approchons-nous et suivons les pas du pieux Enée.

Pendant que ses hommes se livrent à la joie, lui se souvient de la prédiction d'Hélénus, fils de Priam, qu'il a rencontré en Grèce : « Dès que tu seras arrivé sur ces bords, tu t'approcheras de la cité de Cumes, des lacs divins et de l'Averne qui mugit au milieu des forêts ; tu apercevras la prophétesse inspirée qui, du fond de son antre, proclame les destins [2]. »

Enée se dirige donc vers le temple dont les sommets dominent la cité.

« Le pieux Enée gravit la colline où règne le grand Apollon, et pénètre profondément dans

1 *Hist. romaine à Rome*, t. Ier.

2 *En.*, III, v, 441.

l'antre immense, horrible et secrète demeure de la Sibylle. Là le dieu de Délos inspire à sa prêtresse de grandes et divines pensées et lui découvre l'avenir. Déjà ils traversent le bois de la triple Hécate et ses palais dorés [1]. »

De nos jours encore, la plage du Cumes est couverte de bois jusqu'au bord de la mer, et ce n'est qu'en traversant ces bois, autrefois consacrés à Diane *(Triviæ)*, qu'on peut arriver aux ruines du temple d'Apollon.

Virgile nous l'apprend, ce temple, œuvre de Dédale qui avait échappé à la vengeance du roi Minos [2], était bâti dans un lieu élevé, d'où le dieu semblait protéger la ville de Cumes,

> Arces quibus altus Apollo [3]
> Præsidet...

et plus loin :

> Teucros vocat alta in templa sacerdos.

L'antique cité de Cumes avait été fondée par

1 *En.*, VI, V, 9.

2 Dædalus verò primum Sardiniam, ut dicit Sallustius (*Hist.*, II), post delatus est Cumas et templo Apollinis condito sacratisque ei alis, in foribus hæc universa pinxit. — *Servius* in Æneid.

3 Cælius Antipater, historien de la deuxième guerre puni-

une colonie de Grecs partie de l'île d'Eubée. De là le nom de plage euboïque, *ora euboica*, donné à la contrée et consacré par Virgile [1]. On voit encore çà et là, dans ces parages, entre le lac Fusaro et celui de Licola, des restes de la ville et de l'amphithéâtre de Cumes. Les contours, lès gradins même de cette dernière ruine se dessinent, comme les formes d'un cadavre,

que, cité par Servius, rapporte qu'il y avait dans le temple une statue d'Apollon, en bois, « *altum non minus pedes* XV, » et que le poëte a dit dans ce sens « *altus Apollo.* » — M. E. Benoist, dans sa nouvelle édition de Virgile, dit : « Le temple était situé sur une hauteur; c'est ce que signifie *arces* et c'est ce qui détermine l'épithète de *altus.* »

1 Quelques érudits, d'après Aurelius Victor qui vivait au milieu du quatrième siècle, ont prétendu que la rive euboïque était la plage de Baia. Ils ne sont en opposition ni avec Virgile ni avec les auteurs à l'avis desquels nous nous rangeons; Dion Cassius affirme, en effet, que les noms, dans des pays si rapprochés, étaient souvent confondus et qu'on disait indifféremment golfe de Baia ou golfe de Cumes.

Heyne *(Excurs.* III) soutient que tout concourt à démontrer que la flotte troyenne aborda, non sur le rivage de Baia, mais sur celui de Cumes. Sur ce point, Ovide est d'accord avec Virgile; en parlant d'Enée, il dit :

Littora Cumarum vivacisque antra Sibyllæ
Intrat... *(Metam.*, XIV, 104.)

sous le linceul de verdure qui les recouvre. Une maison de vigneron s'élève au milieu de cette épave du monde antique, un peu au-dessus du *podium*. Près de là se trouve une voie pavée de larges dalles irrégulières qui conduit à l'une des portes de la cité grecque. Cette porte, ruine gigantesque, se nomme aujourd'hui *Arco felice* [1].

Enée et ses compagnons, arrivés près du temple, se prennent à admirer la mort d'Androgée, le fatal destin des jeunes Athéniens condamnés à devenir la proie du Minotaure, les aventures de

1 Paoli, *De Puteolanis antiquit.*, fait de l'*Arco felice* le temple d'Apollon. Cette grosse erreur lui est reprochée en ces termes par André de Jorio (*Viaggio di Enea,* etc.) : « Sur la roche existent encore les restes des fondations du temple, et, sous ces vestiges, l'antre de la Sibylle de Cumes. En vérité j'admire le talent d'un écrivain moderne, lequel, adoptant l'opinion de ceux qui placent ce temple à l'*Arco felice*, ajoute, pour la démontrer d'une manière irréfutable, que le susdit arc est tout composé de grosses pierres carrées et de blocs de marbre. Allez et voyez si dans la structure de l'*Arco felice* vous pourrez trouver une seule pierre carrée, un seul morceau de marbre, ou du moins un signe prouvant l'antiquité de ces pièces ! Ce serait chose curieuse qu'un magnifique temple d'Apollon construit par les Grecs, en des temps ignorés de Strabon, ait été élevé sur une base très-évidemment romaine qui remonte au plus, au plus, à l'époque de Domitien ! »

Pasiphaé sculptées sur les portes ou sur la frise du monument. Soudain, Achate, qu'on avait envoyé comme ambassadeur, reparaît accompagné de Déiphobe, fille de Glaucus, prêtresse d'Apollon et de Diane. A sa voix, les Troyens se hâtent d'immoler des victimes, et, le sacrifice accompli, la prêtresse leur permet d'approcher plus près du temple.

« Sur le flanc de la roche euboïque, un antre immense est creusé ; là cent larges chemins conduisent à cent portes d'où s'élancent, répétées par cent échos, les réponses de la Sibylle.

« On est arrivé sur le seuil. — Consultez les destins, s'écrie la vierge, il en est temps.... le dieu, voici le dieu ! » [1]

Le visage de la Sibylle s'altère ; elle devient livide, ses cheveux dénoués flottent au gré du vent, sa poitrine est haletante, son cœur s'agite violemment ; il semble qu'elle ait subitement gran-

1 Holdsworth et Spence soutiennent que la Sibylle et la prêtresse Déiphobe sont deux personnages distincts. En effet, jusqu'au vers 55, il est question de Déiphobe, fille de Glaucus, prêtresse d'Apollon ; ensuite, on voit apparaître, au vers 77, la prophétesse de Phébus, dont le discours s'étend du vers 82 au vers 155 ; puis, au vers 244, revient la prêtresse qui, bientôt, est remplacée, au vers 258, par la Sibylle, « ut vix ità videatur poeta obscuritatis reprehensione

di; sa voix n'a rien de celle d'un mortel; elle est possédée de son dieu.

Alors Enée, en présence des Troyens tremblant de frayeur, rappelle à Apollon les malheurs de Troie, et le supplie de permettre à ses dieux errants d'entrer enfin dans le Latium promis aux destinées d'Ilion. L'agitation violente de la prêtresse s'accroît à ces mots; elle parle, et, au nom d'Apollon, annonce à Enée la fin de ses dangers sur mer. Mais combien de terribles luttes lui sont encore réservées sur la terre [1] !

liberari posse. » dit Heyne (*Excurs.* v). Nous laissons à d'autres le soin d'éclaircir ce point délicat, et nous admettrons avec Heyne que Virgile a désigné par différentes expressions poétiques une seule et même personne, la Sibylle de Cumes. Ovide, résumant ce passage de Virgile (*Metam.*, XIV, 104 et suiv.), rapporte également tout au même personnage.

La Sibylle de Cumes est la plus célèbre de ces femmes inspirées qui rendaient des oracles. Elle rédigea les livres sibyllins, recueil contenant les destins de Rome, et vint les vendre à Tarquin; ces livres, déposés dans un caveau, sous le temple de Jupiter Capitolin, furent longtemps confiés à la garde de quinze prêtres élus par le peuple.

Le pinceau de Raphaël a immortalisé les quatre Sibylles Cuméenne, Persique, Phrygienne et Tiburtine. Cette fresque, qui est comptée parmi les œuvres les plus classiques du grand peintre, se trouve, à Rome, dans l'Eglise Santa Maria della Pace.

1 Dans son édition de Virgile, le P. Ambrogi reproduit,

Le héros troyen n'est pas effrayé de ces prédictions, mais, avant de s'engager dans de nouvelles aventures, il veut descendre aux enfers et serrer dans ses bras Anchise son père. Il conjure la prêtresse de lui indiquer le chemin des sombres royaumes.

La descente aux enfers est facile, lui répond Déiphobe, mais il n'est pas aussi facile de revenir sur ses pas et de revoir la lumière des cieux. Cependant, si le pieux Enée veut poursuivre ce désir insensé, s'il veut sillonner deux fois les eaux infernales, qu'il se procure le rameau d'or et donne, avant toutes choses, la sépulture à un ami, à un Troyen, dont il ignore le funeste trépas. La prêtresse dit et se tait.

Enée, suivi du fidèle Achate, retourne vers son armée, qu'il trouve dans les larmes, auprès du malheureux Misène noyé par un Triton jaloux de sa supériorité dans l'art de sonner de la conque.

d'après le *Codex Vaticanus*, un antique dessin qui représente cette scène. A gauche, Enée suivi d'Achate; Déiphobe, un rameau d'olivier à la main, semble dire :

Non hoc ista sibi tempus spectacula poscit :

A droite, le temple d'Apollon, avec une femme sur le seuil

Tandis que les Troyens vont rendre les derniers honneurs à leur infortuné compagnon, nous examinerons le lieu où vient de se passer toute cette scène.

A quelques centaines de mètres de la mer, on peut visiter encore aujourd'hui l'antre de la Sibylle de Cumes. La roche euboïque, qui porte le nom de *Rocca di Cuma*, est la seule qu'on voie sur ce rivage. Il n'y a donc pas de méprise possible.

Cette immense caverne est creusée de main d'homme, ainsi que nous l'apprend Virgile, et comme il est facile de le constater. Les Grecs d'Eubée, en abordant sur cette plage, se hâtèrent de chercher des pierres propres à bâtir leur ville. Ils attaquèrent ce rocher en trois endroits, et, pénétrant dans les profondeurs de la terre, formèrent un grand nombre de galeries plus ou moins régulières, éclairées et aérées par des soupiraux. C'est ce qui permet à Virgile de dire :

> Quo lati ducunt aditus centum, ostia centum,

et plus loin :

> Ostia jamque domûs patuere ingentia centum 1.

1 Carletti *(La regione abbrucciata della Campania felice)* attribue le même sens à ces vers de Virgile. — André de Jo-

Nous trouvons dans plusieurs auteurs la description de cette grotte célèbre et du temple d'Apollon.

Tite-Live, à propos d'une bataille perdue par les Romains, parle de présages envoyés par les dieux et des larmes que l'Apollon de Cumes versa, trois jours et trois nuits durant, « *Cumis in arce Apollo triduum ac tres noctes lacrimavit* [1]. »

Saint Augustin rapportant le même fait ajoute que les aruspices, épouvantés du prodige, étaient d'avis de jeter à la mer la statue d'Apollon, mais le dieu dut sa grâce aux vieillards de Cumes qui s'opposèrent à l'exécution [2].

Saint Justin, qui souffrit le martyre sous Antonin le Pieux, cent soixante-dix ans après la mort

rio établit sans peine que les colons grecs avaient creusé cette caverne en prenant des pierres pour leurs constructions; qu'elle fut un des moyens de défense du rocher qui la surmonte; que plus tard on en fit une sorte de temple d'où la prêtresse d'Apollon était censée proclamer ses oracles. — *Ostia centum* semble ici un nombre rond mis pour *plurimi,* dit M. E. Benoist, dans sa récente édition de Virgile.

1 Tit. Liv., XLIII, 15.

2 *De civ. Dei.,* III, 2 : « Quo prodigio haruspices territi, cùm id simulacrum in mare putavissent esse projiciendum; Cumani senes intercesserunt. »

de Virgile, fait de ces monuments un tableau semblable à celui qu'a tracé le poëte. « Nous trouvant, dit-il, dans la ville de Cumes, on nous fit voir une grande basilique construite d'une pierre uniforme et polie, ouvrage immense et digne de toute admiration. On m'affirma qu'en ce lieu la Sibylle rendait les oracles que les habitants du pays ont conservés comme un héritage de leurs pères. Au centre de la basilique, on nous montra deux vases de pierre où la prêtresse se lavait. Après ces ablutions, elle revêtait un habit sacré, se rendait dans un lieu très-étroit, construit de la même pierre que le temple, et là, assise au milieu d'une sorte de tribune ou de trône, elle proclamait ses oracles [1]. »

Agathias, historien de l'époque de Justinien, raconte les difficultés que Narsès rencontra pour se rendre maître de Cumes, à cause de cet antre dont les habitants avaient fait une forteresse : « Il y a, dit-il, au-dessous de la ville, à l'orient, un antre immense, entièrement souterrain, sauf quelques ouvertures naturelles. On y voit un trou large et profond comme un gouffre. C'est en ce lieu qu'habitait, suivant la

[1] Just. Mart., *In oratione paræneticu.*

tradition, cette Sibylle italique qui, possédée d'Apollon, prédisait l'avenir. On dit qu'elle annonça à Enée, fils d'Anchise, lorsqu'il aborda sur ce rivage, tout ce qui arriva par la suite [1]. »

L'ouverture principale de la caverne regarde la mer. Jorio affirme que des trois ouvertures superposées qui existaient originairement, celle qu'on voit aujourd'hui formait le second étage. Il est certain que le temps et les hommes ont comblé la plupart des galeries souterraines et des communications qu'elles devaient avoir avec le temple d'Apollon. Les soldats de Narsès, en incendiant la citadelle qui s'écroula en partie dans la mer, commencèrent cette œuvre de destruction. Plus tard, au treizième siècle, elle fut poursuivie par les Napolitains qui ruinèrent de fond en comble la ville de Cumes devenue un repaire de brigands.

A gauche, en entrant dans la caverne, on rencontre un escalier d'une soixantaine de marches. Nous y montâmes, en allumant des feux

1 Agath., *Hist.*, lib. 1. — Scipione Mazella, *Sito e antichità della città di Pozzuolo*, Napoli, 1594, ne veut pas qu'on élève le moindre doute sur l'authenticité de la *grotta della Sibilla*. Il établit sa thèse avec les textes connus de Virgile et d'Ovide, ainsi que sur les passages de saint Justin et d'Agathias que nous venons de citer.

de distance en distance, jusqu'à un endroit complétement obstrué par les éboulements. Sans doute l'escalier atteignait autrefois le sommet du rocher.

En pénétrant plus profondément dans la caverne, nous avons vu une foule d'ouvertures et de galeries, et des décombres au milieu desquels il était très-imprudent de s'aventurer, surtout après les récits du chanoine de Jorio. Il raconte que plusieurs des galeries sont revêtues de murs, de construction très-régulière, et qu'on trouve dans les entrailles de la grotte comme un point central où aboutissent un grand nombre de ces voies souterraines. Si l'on parle à haute voix, le son se répand immédiatement par toutes les issues. Aussi, suivant Jorio, est-ce là que Virgile place la Sibylle :

> Undè ruunt totidem voces, responsa Sibyllæ.

« Ce lieu, dit-il, est encore visible pour qui a le courage d'y pénétrer. Si l'on ose le faire, on retrouvera les vestiges du secret réduit de la Pythonisse...

« Quant à moi, en 1811, je pénétrai assez loin pour voir, non-seulement une grande quantité de galeries, mais encore, à peu de distance les uns des autres, comme des pilastres de stuc brillant. Leur éclat, que la lumière des torches faisait réverbérer au milieu d'une obscurité à laquelle nous étions habitués depuis plus de deux heures, et la découverte que nous fîmes par malheur de quelques ossements humains épars sous nos pieds, causèrent une telle peur à mon guide, que prières ou menaces furent impuissantes à le décider, je ne dis pas à me précéder, mais simplement à me suivre. Comme je le pressais vivement, sa peur se changea en courroux et il s'emporta au point que, pour le calmer, je dus le prendre par la main, lui dire de bonnes paroles et le ramener promptement dehors. Dès lors je ne songeai plus à me laisser aller à pareille curiosité que, par expérience, je puis appeler sottement savante. »

Depuis le chanoine de Jorio, les choses ont de nouveau changé de face, et il devient de plus en plus impossible de tenter une reconnaissance dans l'intérieur de la grotte. Au reste, il nous suffisait de constater son existence et son authenticité.

Sur la pente de la colline qui domine l'antre de la Sibylle, un sentier conduit aux ruines du temple d'Apollon. On passe d'abord près d'une chétive maison de paysan, puis, arrivé sur un petit plateau, on voit encore deux colonnes d'ordre dorique primitif et deux murs fort solidement bâtis en gros blocs de travertin taillés. Une galerie longue et basse appartenant au monument sert maintenant de cave aux gens du pays. Nous demandâmes un jour au guide si les rares habitants de ces lieux respectaient les pierres du temple. Il nous répondit, à moitié indigné, qu'elles appartenaient à tout le monde : *Chi ne vuol pigliare ne piglia* [1]!

Cependant les Troyens dressent le bûcher funèbre de l'infortuné Misène, les pins tombent sous la hache, le chêne résonne, Enée lui-même se mêle aux travaux. Soudain, une pensée traverse son esprit : si le rameau d'or, s'écrie le héros, allait se montrer à nous dans cette immense forêt !

A peine avait-il dit, que deux colombes s'ab-

1 On publie actuellement, à Milan, un grand dictionnaire géographique où nous lisons, à l'article *Cuma* : « Au sommet de la colline, au milieu des broussailles et de la terre agglomérée, on remarque les restes du temple d'Apollon avec quelques gradins et des fragments de colonnes de tuf cannelées. Des morceaux de ces colonnes servent maintenant d'ornement à la villa de Lusciano. » *L'Italia, sotto l'aspetto fisico, storico,* etc.. par Fr. Vallardi.

battent sous ses yeux. Il reconnaît les oiseaux favoris de Vénus sa mère; il les implore : soyez mes guides vers le rameau sacré !

Aussitôt les colombes reprennent leur course dans les airs. Elles voltigent plutôt qu'elles ne volent, comme pour permettre à Enée de les suivre. Enfin, elles arrivent au-dessus du gouffre infect de l'Averne, *ad fauces graveolentis Averni;* elles s'élèvent, puis redescendent tout à coup et viennent se poser sur l'arbre tant désiré. Enée saisit le rameau d'or et le porte à la Sibylle [1].

Virgile n'indique pas d'une manière précise le chemin que prit Enée pour suivre le vol des co-

1 L'idée du rameau d'or est peut-être empruntée aux mystères d'Eleusis. Il est bon de rappeler aussi que le caducée dont se servait Mercure, pour conduire les âmes aux enfers, était, suivant les poëtes, une baguette d'or (V. Homère, *Odyss.*, XXIV, v. 1 et suiv.). Quant à la rencontre du rameau d'or dans un bois, il est possible que Virgile se soit inspiré d'un passage d'Apollonius de Rhodes (liv. IV), qui place la toison d'or dans un bois également consacré à Hécates (V. Heyne, *Excurs.* VI, ad sext. lib. *Æneid.)*. C'était peut-être simplement un rameau comme en portaient les suppliants (*Æneid.*, VII, 154). Claudien *(Enlèvement de Proserpine,* II, 290) met aussi le rameau d'or à l'entrée des enfers; au milieu d'un tableau des beautés de la terre que Proserpine va voir en sortant, Claudien fait dire au ravisseur :

Est etiam lucis arbor prædives opacis
Fulgentes viridi ramos curvata metallo.

lombes. André de Jorio suppose que le héros troyen dut contourner le lac Averne par son extrémité nord. C'est peut-être vrai, mais il y avait certainement d'autres chemins pour se rendre *ad fauces Averni*, c'est-à-dire au seul endroit où l'on puisse facilement aborder encore aujourd'hui. Heyne rappelle que cette contrée était autrefois couverte de forêts inaccessibles dont Virgile a fait les bois de l'Averne et où il place l'arbre du rameau d'or [1].

Les Troyens, pendant ce temps, ont rendu à Misène les honneurs suprêmes. Enée lui élève un immense tombeau, au pied d'une haute montagne appelée maintenant Misène, dit le poëte, et qui, à travers les siècles, conservera ce nom immortel :

> Qui nunc Misenus ab illo
> Dicitur, æternumque tenet per sæcula nomen.

Où Virgile a-t-il placé le tombeau de Misène? Le chanoine de Jorio, voulant à tout prix démontrer la précision du poëte, insinue que ce

1 Heyne ajoute : « Tota loci facies nunc quidem quam maximè est mutata quum Agrippa portum Julium efficere vellet ut Avernum Lucrino lacui jungeret, silvam excidere jussit. » *Excurs.* II, ad sext. lib. *Æneid.*

tombeau se trouve sur la plage même de Cumes [1]; mais nous ne voyons point en ce lieu la haute montagne dont parle Virgile. D'autre part, la carte de l'état-major napolitain place le monument de Misène près de Mercato, au pied du mont de Procida, ce qui nous paraît tout à fait arbitraire. Ne recherchons point ici une exactitude invraisemblable; supposons plus naturellement que Virgile n'a pas pris le souci de fixer le point où furent déposées les cendres de Misène. Le poëte, écoutant la tradition qui donnait à la ville et au port de Misène, situés au pied d'une colline, à l'opposé de la plage de Cumes, une origine troyenne, aura voulu immortaliser ce nom. Voilà toute son ambition, et il a réussi; car, de nos jours encore, on peut voir, à l'extrémité ouest du golfe de Baia, le *porto di Miseno,* le village de *Miseno,* et enfin le *capo Miseno* d'où Pline le Jeune assista de loin à l'éruption du Vésuve, en l'an 79 [2].

Après avoir rendu les derniers devoirs à son

1 Spero che non si andrà più a cercare il sepolcro di Miseno alla punta dell' attuale promontorio, dopo che si sarà ben considerata la spiaggia di Cuma, e tutto il racconto del principe de' poeti *esatissimo geografo.*

2 Plin., *Epist.,* liv. VI, 20.

malheureux ami, Enée, armé du rameau d'or et accompagné de la Sibylle, va descendre dans les sombres royaumes.

IV

L'AVERNE

LE STYX, L'ACHÉRON, LE COCYTE.

« Il existe dans le rocher une caverne profonde dont l'horrible et vaste ouverture est défendue par un lac d'èau noire et des bois ténébreux. Aucun oiseau n'a jamais pu dans ces lieux fendre impunément le ciel de ses ailes, tant sont infectes les vapeurs qui s'échappent de cette gorge obscure et se répandent dans les airs. C'est pourquoi les Grecs ont donné à ce lieu le nom d'Averne. »

Ainsi s'exprime le poëte.

Il est reconnu que le lac encore appelé l'Averne, bien qu'on le nomme aussi *Lago Cannito*, est un ancien volcan. Au temps où Enée aborda en Italie, des vapeurs sulfureuses s'exhalaient de ce lieu, comme aujourd'hui de la Solfatare, près de Pouzzoles, et envahissaient les épaisses forêts des montagnes environnantes. Il fallut les grands travaux d'Agrippa et de Coccéius pour assainir ces lieux. Le compagnon de victoire d'Octave, devenu le conseiller et le fils adoptif d'Auguste, donna sur les deux lacs d'Averne et de Lucrin, réunis par un canal et formant le *Portus Julius,* un simulacre de la bataille d'Actium. Peut-être, en réveillant les souvenirs néfastes qui planaient sur cette contrée, Virgile eut-il une intention de flatterie. Comment l'en défendre après avoir lu les vers où le poëte, vantant les merveilles de l'Italie, s'écrie tout à coup : « Chanterai-je nos ports, l'enceinte qui protége le Lucrin contre l'indignation d'une mer mugissant de son impuissance, et livre aux ondes tyrrhéniennes un passage jusque dans le lac Averne [1] ? »

La grotte dont parle Virgile,

Spelunca alta fuit vastoque immanis hiatu,

n'était autre qu'une galerie souterraine creusée

1 *Georg.* II, 161.

par Agrippa pour mettre en communication la ville de Cumes et l'Averne.

Ce souterrain, complétement oublié pendant près de dix-huit siècles, a été visité, en 1844, par M. G. Scherilli. Il parvint à y pénétrer par un trou qui s'était fait dans la voûte. A l'intérieur, cette route est spacieuse; les parois des murailles sont polies comme du marbre. Des soupiraux répandaient autrefois du jour en ce lieu, mais, en 1844, les plus épaisses ténèbres y régnaient, et ce n'est qu'en se glissant comme un serpent, dans la fange, une lanterne à la main, et en se faisant précéder par son chien, que l'archéologue put se rendre compte de l'aspect de la galerie d'Agrippa.

L'ouverture qui regarde Cumes est à peu de distance de la voie Domitienne et du lieu appelé Marasca, sur le flanc occidental du mont Grillo. Cette large entrée était, au temps d'Auguste, précédée d'un vestibule orné de colonnes de marbre africain. Une ouverture semblable donnait sur le lac Averne. En cet endroit, les voyageurs venant de Cumes trouvaient, sur les bords du lac, une route conduisant à une autre galerie souterraine, non moins célèbre, dont nous allons parler bientôt. Cette dernière se dirigeant presque en droite ligne sur le golfe, on conçoit que Juvénal a eu raison de nommer Cumes « la porte de Baia [1]. »

En 1858, le gouvernement napolitain commença le déblaiement de la galerie entre Cumes et l'Averne ; bien que les fouilles aient été abandonnées depuis, on peut facilement reconnaître la direction de cette route ténébreuse, à la seule inspection des deux issues.

Heyne et le chanoine de Jorio n'ont pas connu cette voie souterraine. Aussi, pour ces deux auteurs, la *spelunca alta* du poëte est-elle l'autre galerie, déblayée depuis des siècles, qui s'ouvre sur la paroi méridionale du lac Averne et aboutit, comme nous venons de le dire, à Baia [2].

« Ce n'est pas la faute de Jorio, dit M. Scherilli, s'il y a dans son travail une lacune, une confusion incroyable lorsqu'il dit où commence le chemin des enfers : cela tient à ce que le savant chanoine ne connaissait pas notre

1 *Sat.* III, 4.

2 Heyne commentant les vers : *Spelunca alta fuit...* etc., s'exprime ainsi : « Hæc ad unam eamdemque speluncam spectare videntur, quæ est *Baiana,* quam nunc appellant, quoniam versus Baias spectat. » *Excurs.* III, ad sext. lib. *Æn.*

caverne dont l'immortel poëte a tiré parti [1]. »

Rétablissons donc la topographie. La galerie de Cumes à l'Averne, c'est la *spelunca alta* [2]; l'autre voie souterraine est le vestibule des enfers que Virgile décrit un peu plus loin :

> Vestibulum ante ipsum, primisque in faucibus Orci,
> Luctus et ultrices posuere cubilia Curæ.

Les auteurs anciens parlent de ce « vestibule », entre autres Cicéron dans les *Tusculanes* [3]. Maxime de Tyr, au deuxième siècle, résume les traditions fabuleuses attachées à cet antre [4].

1 *Bullet. archeolog. napol.*, nuova serie, Luglio 1858; art. del can. G. Scherilli : *Della maravigliosa spelonca romana tra l'antica città di Cuma e il lago Averno.*

2 Virgile raconte qu'Enée, avant d'entrer dans cette caverne, offrit un sacrifice aux dieux infernaux. Le P. Ambrogi a reproduit, d'après le *Codex Vaticanus*, un dessin qui représente cette scène (vers 242). A gauche, le sacrificateur; le sang de la victime est recueilli dans une coupe, près d'un autel où brûle le feu sacré. A droite, la prêtresse, debout, verse le vin sur le front d'une génisse. Trois jeunes filles aident au sacrifice. A côté de la génisse, une plus petite; derrière, les *quattuor juvenci* rangés immobiles et raides. Tous les animaux ont un collier de fleurs.

3 *Quæst. Tuscul.*, I.

4 Max. Tyr., XIV. — Voir également Lycophron, Diodore, Pline, Lucrèce, Claudien et Strabon. Ce dernier

Les gens du pays, les guides surtout, ne manquent pas de désigner le souterrain dont nous parlons sous le nom de grotte de la Sibylle. Hamilton et d'autres savants sont tombés dans cette erreur. Nous la croyons suffisamment réfutée par ce qui a été dit plus haut de la roche euboïque et de la plage de Cumes [1]. Pour la même raison, il faut regarder comme absolument erronée l'opinion de ceux qui font de quelques ruines imposantes, baignées par les eaux du lac Averne, le temple d'Apollon décrit par Virgile [2].

On visite encore journellement la *grotta di Averno*. Bien que nous ne fussions pas munis de l'épée du pieux Enée pour nous défendre contre le Deuil, les Remords vengeurs, les pâles Maladies, la triste Vieillesse, la Crainte, la Faim mauvaise conseillère, contre la Mort et le Som-

(liv. v) dit, en parlant de l'Averne et de la grotte : « *Ibidem et fons est aquæ potabilis ad ipsum mare, sed eâ omnes abstinent Stygis aquam esse putantes*, τὸ τῆς Στυγὸς ὕδωρ νομίσαντες. »

1 *De campis Phlægreis.* — Silius Italicus (XIII) décrit longuement ces deux antres de Cumes et de l'Averne. Comme Virgile, il fait du premier la demeure de la Sibylle et du second l'entrée des enfers.

2 « Falsa est et vulgaris opinio, dum ruinas templi Apollinis ad lacum Avernum ostentant hospitibus loci accolæ. » Heyne, *Exc.* III, ad sext. lib. *Æneid.*

meil, son frère, en un mot contre tous les monstres insaisissables qui habitent ces lieux, nous entrâmes sans la moindre appréhension dans la grotte.

Après avoir fait, à la lueur des torches, trois cents pas dans cette spacieuse galerie qui en compte environ cinq cents, on trouve à droite un petit couloir taillé dans le roc. Il conduit à des chambres ornées de mosaïques fort détériorées. Un homme pénètre jusqu'aux genoux dans une eau bourbeuse, et vous porte sur ses épaules au fond de la caverne. Là, le porteur entre en pourparler avec le porté, et, en dépit du prix convenu à l'avance, cherche à spéculer sur votre position délicate. Mais un peu de fermeté fait trembler le plus fier paysan napolitain.

Revenons sur nos pas, faisons le tour de la colline et gagnons le lac Lucrin. Nous voici bientôt en face de l'autre issue de la grotte de l'Averne, *adverso in limine* (vers 379).

Au temps du chanoine de Jorio, cette ouverture, qui regardait le lac Lucrin et la mer, était déjà fermée, comme elle l'est maintenant et le sera toujours, sans doute, car nous ne voyons pas dans quel intérêt on exécuterait en cet endroit des travaux considérables.

Là, Virgile place un orme touffu où habitent les vains Songes, et, dans son désir de ne jamais rouver le poëte en défaut, le vénérable chanoine fait observer qu'en effet, les ormes croissent volontiers sur ce revers de la colline [1].

C'est là également que se tiennent les Centaures, les Scylles à double forme, Briarée aux cent bras, l'Hydre de Lerne, la Chimère, les Gorgones et les Harpies [2].

« De nos jours encore, dit Jorio, on voit plusieurs grottes creusées dans le roc... Qui sait si le luxe des riches romains n'avait pas enfermé des bêtes féroces dans ces grottes, et si Virgile, en les voyant, ne les a pas, dans son élan poétique, transformées en monstres infernaux? »

Hinc via Tartarei quæ fert Acherontis ad undas.

Voici maintenant, dit Virgile, la route qui conduit aux ondes de l'Achéron.

Mais de quel côté se dirige cette route? Il ne peut y avoir que trois partis à prendre. Si nous

1 E da sapersi che anche oggi gli olmi vi crescono volentieri.

2 Un dessin du *Codex Vaticanus,* reproduit par Ambrogi, représente ces horribles ombres au milieu desquelles Enée promène son épée.

inclinons à gauche, nous allons vers Pouzzoles et toute la tradition est détruite; si nous marchons devant nous, nous tombons dans le lac Lucrin et dans la mer. En prenant le seul parti qui nous reste, celui de nous diriger à droite, nous arriverons au lac Fusaro, ce qui nous mettra complétement d'accord avec la tradition. En effet, ce lac est bien l'Achéron des anciens, l'*Acherusia palus,* ainsi désigné sur toutes les vieilles cartes géographiques, et d'ailleurs très-connu encore dans le pays sous le nom d'Achéron [1].

L'opinion de Jorio et la nôtre sur la route qui conduit à l'Achéron est amplement confirmée par la description que Virgile donne de ce fleuve infernal :

> Turbidus hic cœno vastaque voragine gurges
> Æstuat, atque omnem Cocyto eructat arenam.

« Ce torrent fangeux bouillonne dans ses profonds

1 « *Acherusia palus Cumis vicina,* » dit Pline, *Hist. nat.*, III, v. — V. *Notitie del bello, del antico,* etc., *della città di Napoli,* del Carlo Celano, 1692; ce petit ouvrage contient une carte perspective des lieux que nous décrivons. — Voir aussi *Bibl. nat.*, départ. des cartes géographiques, *Géogr. an.*, Europe, carton 115, feuilles 964 et 965. Toutes ces cartes désignent le Fusaro sous le nom de *Lacus Acherusius.* — Vallardi, l'*Italia sotto l'aspetto fisico,* etc., dit, au mot

abîmes et vomit dans le Cocyte tout son limon [1].»

Encore aujourd'hui, fait remarquer Jorio, quand viennent les grandes tempêtes de la Méditerranée, les eaux du Fusaro débordent et se jettent dans le petit lac d'*Acqua morta* qui lui est contigu.

Ces rapprochements établissent, en outre, d'une manière incontestable, que ce dernier lac est le Cocyte de Virgile. Au besoin, le nom peu attrayant d'*eau morte* qu'il a conservé jusqu'à nos jours servira de preuve.

Tournons donc à droite et laissons derrière nous l'issue, aujourd'hui bouchée, de la grotte de l'Averne.

Bientôt nous voici sur les rives désolées de l'Achéron. Là demeurait Caron, l'horrible batelier [2]. Enée, en s'approchant, se perd au milieu

Fusaro : « Nome col quale chiamasi attualmente la celebre Palude Acherusia o Acherontia. »

1 « On croyait que la *Palus Acherusia*, aujourd'hui Fusaro, était formée par un débordement de l'Achéron s'ouvrant un chemin à travers les fissures du sol. » (E. Benoist, nouv. édit. de Virgile.)

2 Homère et les poëtes de son temps ne connaissaient pas ce personnage qu'on ne voit apparaître que dans Eschyle, Euripide et Aristophane. Si l'on en croit Diodore, la conception de cette figure est venue d'Egypte. (V. E. Benoist, nouvelle édit. de Virgile.)

de l'innombrable foule des âmes qui supplient en vain l'impitoyable personnage. La prêtresse d'Apollon explique au héros cet étrange spectacle :

« Fils d'Anchise, vraie race des dieux, dit-elle, voici les vastes eaux du Cocyte et le marais du Styx, par qui les dieux ne veulent pas jurer, craignant de trahir leur serment. Toute cette foule malheureuse que tu vois est privée de sépulture. Ce nocher, c'est Caron, ces ombres qu'il transporte dans sa barque sont celles dont les corps ont été inhumés. Il lui est interdit de les mener au-delà de ces rivages affreux et de ces torrents tumultueux avant que leurs os aient reposé dans une tombe. »

André de Jorio pense avoir trouvé le lieu de cette scène, la colline d'où l'on peut voir à la fois et le Fusaro et l'Acqua morta, c'est-à-dire l'Achéron et le Cocyte,

Cocyti stagna alta vides Stygiamque paludem. . .

L'expression *Stygia palus,* employée ici, mérite une attention particulière. Il semble évident, au premier abord, que Virgile a voulu désigner ainsi le *Styx,* fleuve des enfers. Mais la plupart des auteurs, notamment Hésiode et Strabon, attribuant le nom de Styx au lac Lucrin, il s'ensuivrait que la Sibylle, qui appelle le lac *Acqua morta* le Cocyte, aurait pu embrasser d'un même regard le Cocyte devant elle et la *Stygia palus* (Lucrin) derrière son dos. Cette supposition étant absurde, faut-il penser alors que le poëte s'est mis en contradiction avec toutes les données géographiques de son temps en décorant du nom de Styx l'*Acherusia palus?*

Jorio répond très-judicieusement que les expressions *Styx* ou *Stygia palus* ont deux sens : l'un « individuel, » lorsqu'on veut désigner proprement le Styx; l'autre « général, » quand on parle d'un lac ou d'un fleuve des enfers. *Stygia* aurait donc ici, comme en plusieurs autres vers [1], la valeur d'une épithète équivalant à *infernalis,* et, sous le nom de *Stygia palus,* Virgile a manifestement désigné l'Achéron.

Jorio va plus loin. Dans aucun passage, Vir-

1 Vers 134, 154, 252, 369, 391, 439, 385. — Heyne *(not. ad versum 131)* dit de même : « Cocytum, Stygem, Acherontem, promiscue ponit poeta, etsi aliis locis diversos facit amnes. » Plus loin *(not. ad vers. 295),* le savant commentateur revient sur cette observation : « Noli subtiliter et ad historici diligentiam nomina fluviorum inferorum a Virgilio posita exspectare; sed poetæ more, variatisque nominibus. *Acherontem* appellat qui fere *Styx* esse solet; etiam *flumen*, mox *lacum* et *paludem.* »

gile n'aurait, selon lui, voulu parler du Styx proprement dit, dans le sens qu'il appelle « individuel. » Et pourquoi? par la simple raison que s'il eût parlé de ce fleuve, en « très-exact géographe, *esatissimo geografo,* » il l'eût certainement placé, suivant l'usage, dans le lac Lucrin. Or, Virgile avait trop de tact et de bon goût pour réveiller inutilement ces souvenirs infernaux. « En effet, dit Jorio, les huîtres du Lucrin étaient fort estimées des nombreux touristes romains; sur le Lucrin se donnaient, pour les nobles romaines, les plus délicieuses sérénades de Baia. Comment veut-on que le poëte ait pu dire à ses lecteurs et à ses compatriotes : Vous mangez des fruits de l'enfer, vous chantez, vous vous divertissez sur les eaux infernales? Cette pensée n'aurait pas été digne de Virgile et les trop célèbres dames romaines se seraient vengées de lui amèrement. »

On le comprendra sans peine, nous ne croyons pas, pour notre compte, à cette préoccupation de la part de Virgile [1].

Il est temps maintenant de revenir à Enée.

1 M. Mezières fait remarquer, ainsi que nous, la puérilité de la supposition du savant napolitain. *(De fluminibus infer.)*

Le fils d'Anchise s'arrête et considère ces âmes infortunées qui aspirent à traverser le fleuve.

D'après la mythologie, on le sait, les ombres des morts ne pouvaient entrer dans le repos des enfers si le corps n'avait reçu la sépulture. L'*Antigone* de Sophocle repose sur cette croyance. Horace nous la rappelle également dans une de ses odes où il traduit en vers éloquents les supplications d'Archytas [1]. Sénèque n'a pas craint de dire que quiconque rencontre un cadavre sans lui donner la sépulture commet un sacrilége, et, selon Cicéron, ce sacrilége ne peut être expié que par le sacrifice d'une truie à Cérès [2]. Mais, pour rendre ce devoir plus facile, il y avait avec l'enfer des accommodements. Ainsi, pas n'était besoin de faire une inhumation effective : il suffisait de la simuler en jetant par trois fois un peu de terre sur le cadavre.

Au milieu de ces ombres, Enée aperçoit Palinure, son malheureux pilote, qui s'était naguère laissé choir dans les ondes en observant les astres du haut de la poupe du vaisseau [3]. Sa dépouille mortelle flotte encore, privée de

1 *Od.*, I, 28.

2 Senec. *De Benef.*, V, 20. — Cicer., *De Legib.*, II, 22.

3 *En.*, V, 827 et suiv.

sépulture, sur les côtes d'Italie. — Console-toi, lui dit la Sibylle, des signes célestes épouvanteront les peuples, ils recueilleront tes restes et les déposeront dans la tombe, et ce lieu gardera éternellement le nom de Palinure,

Æternumque locus Palinuri nomen habebit.

Les siècles ont ratifié cette prophétie ; on peut voir, près de Pisciotta, dans la Principauté citérieure, une ruine qu'on dit être le tombeau du pilote d'Enée. Non loin de là se trouve la pointe de Palinure.

Cependant, les deux voyageurs poursuivent leur route et arrivent sur les bords de l'Achéron. L'impitoyable nocher voit des êtres vivants, s'irrite et refuse le passage ; mais, à l'aspect du rameau sacré, sa colère s'apaise comme par enchantement, il repousse les âmes qui déjà occupaient la barque infernale et reçoit à leur place le pieux Enée.

On atteint l'autre rive. C'est ici le royaume de l'énorme Cerbère, chien à triple tête, dont les aboiements font retentir le rivage :

Cerberus hæc ingens latratu regna trifauci
Personat, adverso recubans immanis in antro [1].

[1] Un dessin du *Codex Vaticanus*, reproduit par Ambrogi,

« Si jusqu'ici, dit Jorio, tout est clair, il sera de même incontestable que nous sommes maintenant en face de l'antre où Enée rencontra le gardien des enfers. Attachons-nous à ses paroles. Il dit : *adverso recubans in antro*. Or, placez-vous au point indiqué, et permettez-moi de vous faire observer, si jamais vous traversez le Fusaro, que ce point est précisément celui où les bateliers vous ont fait mettre pied à terre. Levez les yeux, et vous verrez en face, à cent pas de distance, la petite colline de la *Torre della Gaveta,* et, sous cette colline, l'antre dont je parle. Dites-moi si ce n'est pas là le séjour du gardien des sombres royaumes? Il n'y a d'ailleurs, en ce lieu, d'autre grotte que celle indiquée par Virgile : raison de plus pour ne pas douter de l'authenticité de *l'antrum Cerberi.* »

Nous arrivons ainsi sur le bord de la mer, à l'embouchure du Fusaro *(Foce del Fusaro),* sorte de canal qui met le lac en communication avec la Méditerranée. Les Grecs, en creusant ce canal, avaient fait du Fusaro un port à l'abri des tempêtes. Hâtons-nous de le traverser, tandis que Cerbère, endormi par le gâteau charmeur jeté par

représente la grotte de Cerbère et toute la scène décrite dans les vers 416 et suiv.

la prêtresse, nous laisse le passage libre. Enée nous a précédés :

> Occupat Æneas aditum, custode sepulto,
> Evaditque celer ripam irremeabilis undæ. [1]

1 M. l'abbé Domenech, ancien aumônier de l'armée française au Mexique, dans un ouvrage intitulé : *Voyage pittoresque dans les déserts du Nouveau-Monde* (p. 401), rapporte une légende populaire, surtout chez les Iroquois, mais qu'on retrouve avec des variantes dans tout l'est des Etats-Unis, et dont les détails rappellent la descente aux enfers inventée par la poésie antique et notamment le gâteau charmeur qu'Enée jeta à Cerbère.

Un chasseur, du nom de Sayadis, avait une sœur — d'autres versions disent sa femme — qui vint à mourir. Sayadis, inconsolable, résolut d'aller jusqu'au pays des âmes pour en ramener la défunte. A peine arrivé chez les esprits, Sayadis s'aperçut que ces derniers fuyaient devant lui. Un vieillard lui donna une calebasse magique dans laquelle il pourrait enfermer l'âme de la morte. Sayadis entra dans la danse des esprits, saisit l'âme de sa sœur et l'emporta parmi les vivants. Mais une femme, ayant voulu voir comment était faite une âme séparée du corps, ouvrit la calebasse d'où l'âme s'envola, et Sayadis ne put jamais retrouver le chemin du pays des esprits. Il est question, dans la légende, d'un lac ou marécage que Sayadis aurait eu à traverser. Ce lac était gardé par un chien qu'on écartait en lui livrant une morte.

VII

L'ENFER

ET LES CHAMPS-ÉLYSÉES.

Voici, à proprement parler, l'entrée des sombres domaines du roi des enfers. Sur cette rive retentissent les voix des enfants qu'une mort prématurée arracha du sein de leurs mères. Près d'eux sont les âmes de ceux qui ont innocemment subi la mort, puis celles des suicidés qui voudraient maintenant revoir la lumière des cieux. Mais le destin s'y oppose et neuf fois le Styx les emprisonne de ses replis,

> Fas obstat, tristique palus inamabilis unda
> Adligat, et novies Styx interfusa coercet [1].

[1] L'épithète *inamabilis* s'applique, sans doute, au Cocyte

Nous arrivons aux *Champs des pleurs,*

> Nec procul hinc partem fusi monstrantur in omnem
> Lugentes campi : sic illos nomine dicunt.

Là sont les âmes que l'amour a rongées de son poison. Parmi elles, Enée rencontre la superbe Didon qui s'était brûlée de désespoir en voyant les vaisseaux du héros troyen fuir la rive africaine. Enée verse des larmes et adresse un pathétique mais trop long discours à Didon. Elle, l'œil fixe et rempli de colère, écrase du regard l'infidèle, puis, sans répondre un mot, lui tourne les talons.

Virgile, se conformant, dit André de Jorio, à cette croyance de son temps que les larmes des

(Acqua morta). Mais ici Virgile, en nommant le Styx, n'a-t-il point voulu désigner ce fleuve infernal dans le sens *individuel?* Jorio le nie, pour la raison que nous connaissons (v. p. 119 et suiv.). Nous croyons, nous, que si l'expression *Styx* signifie quelquefois le Styx proprement dit, c'est bien dans le vers qui nous occupe. Virgile, selon nous, abandonne un instant la géographie des lieux et n'écoute que son imagination, pour se conformer à la vérité mythologique qui place le Styx dans les enfers. Qui sait, d'ailleurs, s'il n'y avait pas, au temps de Virgile, près de l'*Acqua morta,* une rivière, un simple ruisseau aujourd'hui comblés par les soulèvements volcaniques, et autrefois transformés en Styx par le poëte?

amants malheureux augmentaient les eaux du Cocyte, a placé ces infortunés, comme on peut le voir sur les lieux ou même sur une carte, au seul endroit d'où un courant doit forcément descendre au lac d'*Acqua morta*.

Après avoir essuyé le courroux de la reine de Carthage, Enée poursuit sa route au milieu d'illustres guerriers et des Troyens tombés dans les combats. La Sibylle est obligée de l'arrêter :

« Enée, la nuit arrive à grands pas; nous perdons les heures à pleurer. Voici l'endroit où le chemin se divise en deux branches : l'une, à droite, mène aux vastes royaumes de Pluton, c'est la route des Champs-Elysées; l'autre, à gauche, conduit à l'affreux Tartare où les méchants subissent leur peine [1]. »

Du lac d'*Acqua morta* à celui de *Mare morto* où Enée devait se rendre, pour être d'accord avec la tradition qui, déjà au temps de Virgile, plaçait les Champs-Elysées en ce lieu, il n'y a qu'une route possible : la vallée formée par le *Monte di Procida* et le *Monte de' Salvatichi*. Or, à quelques centaines de mètres, nous trouvons aujourd'hui un embranchement qui s'engage, sur la

1 Ambrogi reproduit ici un dessin du *Codex Vaticanus*, représentant cette scène.

gauche, dans une vallée plus étroite. Cette route existait-elle à l'époque de Virgile, comme le croit Jorio ? On ne saurait l'affirmer. L'existence des vallées est du moins à peu près certaine, même si l'on tient compte des changements opérés sur ce sol bouleversé par les volcans.

Si nous nous plaçons à ce point, *ubi se via findit in ambas*, nous remarquerons qu'en marchant vers la droite on arriverait à la plaine appelée encore de nos jours les Champs-Elysées : *hac iter Elysium nobis*. La route de gauche, dit Virgile, conduit au Tartare, *ad impia Tartara mittit*. Dans la pensée du poëte, le Tartare proprement dit occupait donc tout le flanc des collines formant aujourd'hui le mont *de' Salvatichi*.

« Soudain Enée regarde, et, sous une roche, à gauche, il voit un palais immense entouré d'un triple mur : le rapide Phlégeton, fleuve infernal, l'enveloppe de son torrent de feu, roulant avec fracas des blocs de rochers. »

Il faut, dit Jorio, observer ici deux traits du génie de notre poëte, dans le choix qu'il a fait du site où il rencontre ce fleuve de feu :

« 1° Le lieu où Virgile a placé le fleuve est le flanc de deux volcans à moitié éteints. Personne ne reprochera à un poëte gravissant les pentes d'une montagne volcanique, et qui a sûrement un jour vomi des flammes, de dire qu'il y a en cet endroit un fleuve de feu.

« 2° Le poëte a pris dans Homère, son maître, l'idée du Piriphlégéton, et s'y est conformé avec une exactitude et une précision tout à fait admirables.

« En effet, Homère nous dit que ce fleuve infernal jetait ses ondes dans le Cocyte et dans l'Achéron. Or, allez et voyez si, du point indiqué par Virgile et par moi, qui l'ai suivi pas à pas, les eaux d'un fleuve peuvent se jeter autre part que dans le lac d'*Acqua morta* et dans celui de *Fusaro,* c'est-à-dire dans le Cocyte et l'Achéron. »

Les cratères dont parle Jorio sont aujourd'hui plus que jamais éteints. Cependant son argumentation conserve toute sa valeur, car on sait que cette contrée est, par excellence, celle des volcans et du soufre. Strabon décrit ce pays d'un trait de plume qui a été traduit par ces mots non moins énergiques : « *Scatet totus ager inter Baias et Cumas bitumine, sulphure et calidis aquis.* » Boccace rapporte que, de son temps, les eaux de l'Averne furent infectées par des torrents souterrains de matières sulfureuses. Les *stufe di Nerone* ou bains de Néron, près de Baia, la *solfa-*

tara, près de Pouzzoles, ce *Monte Nuovo* qui, dans une nuit de l'année 1538, surgit tout à coup des entrailles de la terre, près du Lucrin, ces émanations ou *fumarole* qui firent périr, en 1838, toutes les huîtres du Fusaro, montrent bien, au reste, quelle est la nature exceptionnelle de ces lieux. Ils semblent avoir été créés tout exprès pour les fictions infernales du grand poëte.

Nous mettons le pied sur le seuil du Tartare. La Sibylle raconte à Enée, dans l'admirable style de Virgile, toutes les horreurs de ce lieu de supplices. Cette idée est empruntée à Platon : pour Hésiode et Homère, le Tartare est seulement la prison des Titans, des géants et des Cyclopes. Phlégyas, le plus malheureux des criminels, exhorte ses compagnons à la résignation :

Discite justitiam moniti et non temnere Divos!

« Celui-ci, reprend la Sibylle, a vendu sa patrie à prix d'or et lui a imposé des maîtres tyranniques ; celui-là, pour un salaire, a fait et refait des lois. Cet autre, convoitant un horrible hymen, a commis un indicible inceste. Tous osèrent concevoir d'énormes crimes, tous ont osé les accomplir... » Voilà, pensions-nous, en les relisant sur le sol napolitain et en repassant dans notre esprit l'histoire ancienne et surtout contemporaine de ce pays, des vers qui pourraient faire rêver plus d'un personnage politique!

Mais il est temps de présenter le rameau d'or aux dieux infernaux. Les deux voyageurs, continuant leur route, prennent bientôt « le chemin du milieu » et s'approchent des portes du sombre séjour :

Corripiunt spatium medium, foribusque propinquant.

D'après Jorio, ce *spatium medium* correspond au carrefour de *Mercato di sabato*. « Là, dit-il, au temps des Romains, il y avait un cirque. Peut-être Virgile a-t-il fait des portes de cet édifice les portes des Champs-Elysées.

« Observez avec quelle raison le poëte dit : ils prennent le chemin du milieu. Arrêtez-vous au carrefour de Mercato, tournez-vous du côté de Bacoli, où se trouvaient les Champs-Elysées, et vous verrez qu'en allant à droite on aboutit à l'extrémité occidentale du lac *Mare morto*, le Léthé du poëte, à l'endroit qui baigne l'enfer. Si on se dirige par la gauche, on retournera simplement aux royaumes tartaréens. Donc, il fallait et il faut encore prendre « le chemin du milieu, » pour entrer dans les Champs-Elysées. Que cherche-t-on de plus pour se convaincre que Virgile a fait ce voyage, le stylet à la main, et décrivant le sol qu'il foulait lui-même? »

Enée a déposé le rameau sacré sur le seuil des Champs-Elysées. Il admire ces lieux fortunés, ces riantes prairies, ces bois embaumés, séjour du bonheur.

L'aspect de cette plage, aujourd'hui désolée et stérile, ne répond guère, il faut l'avouer, aux descriptions enchanteresses du poëte, et pourtant ici le moindre doute n'est pas permis, car les bords du lac *Mare morto* ont conservé jusqu'à nos jours le nom de *Campi Elisi*.

Le pieux Enée retrouve son père; ils se voient et se reconnaissent; Enée, par trois fois, veut embrasser Anchise, mais l'ombre échappe à ses étreintes, semblable au vent léger, au songe qui s'envole. Ils peuvent du moins se parler. Enée admire les bois et le fleuve Léthé qui baigne ces douces retraites :

« Le vallon secret, et le bois aux arbustes harmonieux, et le Léthé, et les tranquilles demeures arrosées par le fleuve. »

Anchise raconte à son fils l'histoire des ombres qui voltigent au-dessus de ces rivages :

« Ces âmes à qui les destins doivent d'autres corps boivent, avec les eaux du Léthé, un éternel oubli et une sécurité sans fin [1]. »

Ici le poëte met dans la bouche d'Anchise un mélange de théologie égyptienne et de philosophie platonicienne :

Un esprit mystérieux et céleste, dit-il, alimente le ciel, la terre, tout le monde visible, envahit la matière et lui donne la vie. De là les hommes et les animaux. Enfermées dans les ténèbres de la prison de ce monde, les âmes ne regardent pas leurs destinées immortelles, et lors même qu'elles sont séparées de ce corps qui les a souillées de taches nombreuses, elles n'arrivent pas encore à la félicité. Elles sont soumises, dans les enfers, à des peines et à des supplices pour expier leurs crimes ou se purifier dans le feu. Après cette expiation, elles sont envoyées dans les Champs-Elysées, mais peu d'entre elles occupent ces plaines riantes. Enfin, lorsque le temps a effacé toutes les taches, au bout de mille ans, les âmes vont, sous la conduite d'un dieu, s'abreuver dans les eaux du Léthé,

1 Ambrogi reproduit, d'après le *Codex Vaticanus*, un dessin curieux mettant en scène tout ce qui se passe, du vers 632 au vers 652.

Lethæum ad fluvium deus evocat agmine magno,

pour que, perdant la mémoire du passé, elles consentent à retourner dans d'autres corps.

Ce célèbre passage de Virgile a fait l'objet d'une foule de commentaires. On y trouve, en effet, sous une forme poétique, le résumé des doctrines répandues dans la plupart des écrits de Platon [1] : l'idée d'un dieu unique, esprit pénétrant les moindres molécules de la matière; l'immortalité de l'âme, les peines et les récompenses de la vie future; l'idée du petit nombre des élus, celle de la purification nécessaire des âmes, pressentiment du dogme catholique si consolant du purgatoire; et enfin la métempsycose.

Cette solennelle exposition des théories de la philosophie antique sur les enfers et la vie future, prouve-t-elle que Virgile fut un croyant? Il est permis d'en douter quand on voit d'illustres esprits faire preuve du plus entier scepticisme à cet égard. Platon, le divin Platon lui-même, après avoir décrit, à la fin du *Phédon*, l'enfer et ses fleuves, ainsi que les peines et les récompenses de l'autre vie, ne craint pas d'ajouter : « Dire que les

1 Voir notamment la *République*, liv. x; les *Lois*, liv. x, et le *Phédon*, vers la fin.

choses sont absolument telles que je viens de les raconter, ne serait pas d'un homme de sens. » Cicéron, de son côté, affirme que l'existence des enfers est une fable puérile à laquelle personne ne croit plus [1]. Virgile, écrivant un poëme national, s'est fait simplement l'écho des traditions et des fables populaires; à ce titre, il mérite le nom de « Platon des poëtes » que lui a décerné l'empereur Alexandre Sévère.

Le christianisme seul devait dégager le vrai du faux parmi ces intuitions de la philosophie païenne. On sait notamment la prédilection marquée de saint Augustin pour Platon; il va jusqu'à attribuer le commencement de sa conversion à la lecture des ouvrages de ce philosophe.

Fénelon, paraphrasant ces beaux vers :

> Mens agitat molem, et magno se corpore miscet,
> *Etc...*,

écarte le sens panthéiste qu'ils renferment, et montre ses préférences pour l'admirable doctrine de Platon et de saint Augustin sur l'origine et la nature des idées [2]. « Pendant le voyage, dit Féne-

1 *De nat. Deor.*, II, 2. — *Tuscul.*, I, 5, 6. — *Pro Cluent.*, 61.

2 « Les idées sont certaines formes principales, certaines raisons des choses, fixes et invariables, qui n'ont point été

lon, Hazael s'entretenait avec Mentor de cette première puissance qui a formé le ciel et la terre, de cette lumière simple, infinie et immuable qui se donne à tous sans se partager; de cette vérité souveraine et universelle qui éclaire tous les esprits, comme le soleil éclaire tous les corps... Il n'y a point sur la terre de véritables hommes, excepté ceux qui consultent, qui aiment, qui suivent cette raison éternelle... Nous ne tenons pas moins d'elle la raison que la vie. Elle est comme un grand océan de lumières; nos esprits sont comme de petits ruisseaux qui en sortent et qui y retournent pour s'y perdre [1]. »

Mais revenons au Léthé [2].

Le chanoine de Jorio rappelle que, dans la mythologie grecque, ce fleuve figurait au nombre des fleuves infernaux et baignait une partie du Tartare et des Champs-Elysées.

« Or, dit-il, regardez le lac *Mare morto*.

elles-mêmes formées, qui sont, par conséquent, éternelles, qui demeurent toujours les mêmes *et qui sont contenues dans l'intelligence divine.* » Saint Aug., liv. LXXXIII, *Quæst.*, q. 46.

1 *Télémaque,* liv. IV.

2 Le dessin du *Codex Vaticanus,* reproduit par Ambrogi, représente les « innumeræ gentes » buvant au fleuve Léthé.

Ne baigne-t-il pas, à l'Occident, une partie des royaumes tartaréens, tandis que tout le reste arrose les Elysées? Observez de plus que, dans le vers 634, la Sibylle ordonne à Enée de prendre le chemin du milieu, car s'il allait à droite, il arriverait bien au Léthé, mais à l'endroit où il baigne l'Enfer et non les Elysées. Encore aujourd'hui, la route qui, du carrefour de *Mercato di Sabato,* va droit au lac de *Mare morto,* conduit à l'extrémité occidentale du lac, au point où il traverse la vallée du mont Procida, qui fait partie de l'enfer du poëte. »

Suivons Anchise sur la colline où il entraîne son fils et la Sibylle :

« Il monte sur une éminence; de là on peut voir une à une la foule des ombres et discerner les traits de toutes celles qui passent. »

Un petit sentier mène facilement sur la colline d'où l'on domine, en effet, tous les lieux que nous venons de parcourir.

Pendant que les ombres défilent devant lui, Anchise va dérouler aux yeux d'Enée les mystères de sa descendance et les merveilleuses destinées des Troyens. Virgile ne laissera pas échapper cette occasion de prodiguer l'encens aux puissants du jour. Voici Silvius, Procas,

Romulus qui fondera Rome, future maîtresse de l'univers :

> Illa inclyta Roma
> Imperium terris, animos æquabit Olympo.

Voilà César, puis Auguste, héros promis par les destins, *Augustus Cæsar divi genus*, qui doit étendre son empire au delà des astres. Plus loin, ce sont les Decius, les Drusus, les Caton, les Scipion, les Fabricius, les Fabius. Soudain, Marcellus s'avance victorieux, accompagné de son fils, cet autre Marcellus que la mort doit ravir si jeune à l'amour du peuple romain [1].

Ayant ainsi révélé à Enée son glorieux ave-

1 César eut en ce lieu même, sur la colline où s'élève Bacoli, une villa qui devint la propriété d'Auguste. Ne serait-ce pas là que Virgile aurait lu ses fameux vers : *Tu Marcellus eris*, en présence d'Octavie, sœur d'Auguste et mère du jeune prince qui venait de mourir? Rien n'interdit cette supposition. Toutefois, dans un tableau célèbre, Ingres place cette scène à Rome, dans la bibliothèque du Portique d'Octavie : à gauche, Virgile debout, lisant sur un *volumen* qui se déroule; à droite, Auguste assis étendant la main et soutenant Octavie qui s'évanouit en écoutant l'éloge de son fils; au-dessous d'une statue du divin Marcellus, une femme l'œil fixé sur le poëte et profondément attentive. — M. Mongez (*Ac. Insc. et Bell. Lett.*, t. VII, 1818) soutient que la lecture de ces vers n'a jamais eu lieu devant Auguste.

nir et les triomphes réservés à son peuple, Anchise reconduit les deux mortels à la porte des enfers.

« Il y a deux portes du Sommeil : la porte de corne par où les vraies ombres trouvent une sortie facile, la porte d'ivoire, blanche et brillante, par où les songes trompeurs s'échappent des enfers et se répandent sur la terre. »

Homère s'exprime de même : « Deux portes, dit Pénélope, reçoivent les songes légers : l'une de corne, l'autre d'ivoire. Ceux que transmet la porte d'ivoire sont de vaines chimères que jamais rien ne justifie; ceux qui passent par la porte de corne ne trompent jamais les mortels auxquels ils apparaissent [1]. »

Que signifie cette allégorie mythologique? L'explication la plus vraisemblable, dit Heyne, après Macrobe [2], et sans attacher d'ailleurs trop d'importance à ces jeux de mots, est celle-ci : malgré sa blancheur qui projette de la lumière, l'ivoire est un trompe-l'œil, car le regard ne peut le traverser; la corne, au contraire, est transparente [3].

Quoi qu'il en soit, Anchise congédie son fils

1 *Odyss.*, XIX, 562. — 2 Macr., *Ad so. sc*, I, 3.
3 *Excurs.* XV, ad sext. libr. *Æn.*

et la Sibylle par la porte d'ivoire, *portaque emittit eburnea* [1].

Le chanoine de Jorio a remarqué, comme nous, en cet endroit, beaucoup de ruines qui, sans doute, furent autrefois des palais. Virgile avait donc le choix pour imaginer les deux portes dont il parle. Jorio place la *porta cornea* près du lieu où se trouve aujourd'hui ce qu'on appelle la *piscina mirabile.* La *porta eburnea* serait, d'après lui, non loin de Sainte-Anne, église paroissiale du village de Bacoli.

Enée, sorti des sombres royaumes, retourne à ses vaisseaux par le plus court chemin :

Ille secat viam ad naves, sociosque revisit.

« Le génie du grand poëte, dit Jorio, lui est fidèle, ne l'abandonne pas un instant. *Secat viam,* a-t-il écrit ; tracez donc une ligne droite en partant du point où nous sommes : elle vous conduira précisément à la plage euboïque. Il y a plus, elle ne traversera aucun lac, aucune caverne, aucun endroit du Tartare déjà connu d'Enée et de la Sibylle. »

1 V., dans le *Virgile* d'Ambrogi, la gravure reproduite d'après le dessin du *Codex Vaticanus.*

Nous n'aurions pu faire le trajet indiqué ici par Jorio, sans passer par une foule de vignes et de petites propriétés, mais ce trajet est possible; on s'en rendra compte à la simple vue d'une carte. D'ailleurs, le chemin qui mène actuellement de Bacoli à Baia et de Baia au Fusaro et à Cumes est à peu près celui que dut suivre Virgile.

Pendant que le héros troyen regagne sa flotte et se dispose à faire voile vers le Latium, résumons-nous.

Il y a, dans la route parcourue, trois points incontestables. L'authenticité de la grotte de la Sibylle de Cumes et des ruines du temple d'Apollon est reconnue par l'immense majorité des archéologues; celle du lac d'Averne est certaine; enfin, la situation des Champs-Elysées ne peut faire l'objet d'un doute, car, de tout temps, les bords du lac *Mare morto* ont porté le nom de *Campi Elisi*.

A l'aide de ces trois points, que Jorio appelle cardinaux, il était facile de compléter, avec plus ou moins de vérité, l'itinéraire de Virgile. Jorio est sûr de son fait : avec ces données, dit-il, j'ai jeté une vive lumière sur ce qui était douteux et découvert ce qu'on ne connaissait pas.

Ne faut-il point reprocher au savant chanoine une trop grande précision ? Nous le croyons, et nous ne sommes pas le seul de cet avis [1]. Malgré cela, malgré l'observation de Heyne qui veut qu'on accorde beaucoup à la pure imagination de Virgile [2], si quelqu'un de nos lecteurs fait un jour ce voyage, il pourra constater que, sur les points discutables, rien ne s'écarte au moins de la vraisemblance.

Les pérégrinations d'Enée dans la vallée du mont de Procida ont particulièrement éveillé nos doutes. Et cependant, interrogez les paysans qui habitent les pentes du Procida ou du mont de' Salvatichi, tous répondront sans hésiter que la route de l'enfer, *de lo infierno,* commence sur le bord de la mer, au lieu appelé *Torre della Gaveta,* s'engage dans la vallée et aboutit à *Mercato di Sabato.* On trouve également, sur ces montagnes, quelques maisons portant, aussi bien qu'un petit îlot tout près de la côte, le nom caractéristique d'*Inferno.*

1 Nec non aliquando errat doctissimus vir Andreas de Jorio qui de nullius fluminis inferni situ dubitavit, et Virgiliani Tartari, tanquam regionem oculis subjectam haberet, chorographiam dedit. *De fluminibus inferorum,* auct. Mezieres, p. 42.

2 *Comm. En.*, VI, v. 295.

VIII

LE TOMBEAU

ET LA LÉGENDE DE VIRGILE.

Au retour de l'une de ces explorations dans les enfers de Virgile, nous devions une visite au tombeau du poëte.

Une barque nous attendit à Baia. Nous y montâmes à côté de pêcheurs revenant d'Ischia, auxquels nous avions volontiers permis de retourner avec nous jusqu'à Naples. Peu d'instants après, la vague nous balançait doucement sur le golfe de Baia, au-dessus des ruines englouties de la splendeur romaine.

Saluons en passant, non loin de Pouzzoles, les restes d'une villa de Cicéron où César vint souper un jour accompagné de deux mille hommes de garde [1]. L'orateur raconte à Atticus, dans une lettre qui mérite d'être citée, la réception qu'il fit à César, *hospitem gravem,* dont il ne souhaite pas le retour. Voici la journée du grand homme : « Après s'être promené sur les bords de la mer, il se mit au bain vers la huitième heure. Là, on lui parla de Mamurra; il ne changea pas de visage. On le frotta et il se mit à table. Comme il s'était fait vomir, il mangea et but largement et fut de bonne humeur. Tout était à point, de bon goût et bien apprêté. Ajoutez à cela une conversation animée, finement soutenue. Enfin, nous étions parfaitement à notre aise. Trois autres tables chargées de mets étaient dressées pour son entourage. Les affranchis de second ordre, les esclaves même ne man-

1 Sans compter la belle villa dont on voit encore les ruines grandioses à Tusculum, près Frascati, Cicéron possédait deux *fonds* en Campanie : le fonds de Cumes, qu'il appelle *Cumanum suum (ad Attic.*, x, ep. 13), près du Lucrin; le fonds de Pouzzoles, *Puteolanum (ad Attic.*, xiv, ep. 7). Il est souvent question de ces deux villas dans ses lettres. Les ruines de la première disparurent complètement lorsque le *Monte Nuovo* sortit tout à coup de terre, en 1538; celle qui reste et dont nous parlons est la villa de Pouzzoles. Cicéron lui avait donné le nom d'académie, en souvenir de l'académie d'Athènes.

quèrent de rien. Pour les principaux affranchis, on fit beaucoup plus de frais. Je m'en suis tiré, en un mot, avec honneur. Néanmoins, ce n'est point un hôte à qui vous seriez pressé de dire : vous me ferez le plaisir de revenir chez moi quand vous repasserez. Une fois suffit. On ne parla pas d'affaires sérieuses, mais de littérature. César s'amusa et fut content, que voulez-vous de plus [1] ? »

Cicéron a raison. Quand César est content, tout est pour le mieux ; l'histoire le démontre à toutes ses pages et dans tous les pays. La liberté et la vie des peuples n'y gagnent rien, mais que font à César lavé, parfumé, frotté, amusé, ivre et satisfait, ces inepties que les « idéologues » appellent la liberté et la vie des peuples ?

Il était environ quatre heures de l'après-midi. A cette heure déjà, les pêcheurs de la Mergellina commencent à revenir de leurs excursions. Leurs bateaux arrivant de la pleine mer et des îles, lourdement chargés, formaient sur la mer une sorte de village flottant. Chaque barque était une famille. On y voyait assis pêle-mêle sur les

1 *Ad Attic.*, XIV, 32.

filets humides, sur les voiles repliées, des hommes fortement membrés, au teint noir et vif, à la chevelure luisante coquettement nouée sous une légère toile blanche. Puis des enfants sautant gaiement, jambes nues, au milieu des *frutti di mare* qui se tordaient de désespoir au fond du bateau. Quand les hommes fatigués s'arrêtaient silencieux après un vigoureux coup de rame, leurs profils, si bien saisis par le pinceau de Léopold Robert, se détachaient un moment immobiles, sur le ciel chaud des dernières heures du jour, sur l'azur de la mer, ou sur quelque vieille ruine quasi-flottante à l'horizon.

Nous demandâmes à nos hommes s'ils connaissaient le tombeau de Virgile et ce qu'ils pensaient de ce Virgile dont on parle tant. Tous savaient où était le tombeau, mais là se bornaient leurs informations. L'un d'eux cependant, plus capable que les autres, nous dit qu'il croyait bien que Virgile était une femme qui jadis faisait l'école : *Credo che sarà una donna che faceva la scuola*. Sur le rivage, en effet, des rochers portent encore le nom de *Scuola di Virgilio*, école de Virgile, « le savant, le magicien tel que le moyen âge l'a conçu. »

Cette appellation est évidemment la cause de l'erreur populaire.

Pendant ce temps, nous avions côtoyé Nisida et le cap du Pausilippe, et le quai de la Mergellina se déroulait à nos yeux. C'est la cité du pêcheur napolitain. La population en est inculte et austère, mais intelligente et chrétienne. Là se trouve le type si connu de la femme italienne qui se fâche naïvement contre la Sainte-Vierge, quand elle n'obtient pas du ciel ce qu'elle demande, et accable saint Janvier de grossières injures, lorsqu'il tarde à faire le miracle. Aussi, à la Mergellina, les chapelles de la madone ne manquent pas de fleurs pendant le jour et de lampes durant la nuit.

A quelques centaines de mètres, on voyait clairement ce qui se passait sur la côte. Près des cabanes, sous les vignes folles, des jeunes filles aux corsages bariolés dansaient la tarentelle au son peu harmonieux du tambourin à grelots. On les apercevait tourbillonnant comme des fleurs agitées par le vent. Plus bas, sur la plage, les pieds dans l'écume du flot, des groupes remuaient et chantaient; c'était le reste des familles que les barques voyageuses n'avaient pu contenir le matin et mener à Procida.

Le quai de la Mergellina est au pied du Pausilippe. De là, une petite rue en pente conduit à Santa Maria del Parto où est le tombeau du poëte Sincero Sannazar, avec cette inscription du cardinal Bembo :

> Da sacro cineri flores, hic ille Maroni
> *Sincerus* musa proximus ut tumulo.

Nous voici, en effet, près de la longue grotte du Pausilippe, à l'entrée qui regarde Naples, et c'est dans un jardin, au-dessus de cette ouverture colossale, qu'on voit, au milieu des oliviers, des aloès et des cactus, le sépulcre de Virgile.

On y monte par un petit escalier dont la porte fait face à l'entrée de la grotte du Pausilippe. Un premier *custode* vous conduit jusqu'au sommet de l'escalier et vous livre à un deuxième *custode* qui vous mène, à travers les vignes, dans un petit cimetière où se trouvent, on ne sait pourquoi, quelques sépultures modernes. Là, un troisième *custode* s'approche de vous, vous fait lire sur la porte de planches mal jointes, qui ferme le tombeau, le prix fixé pour y descendre, et n'ouvre qu'après avoir touché la somme. Si vous croyez être quittes, vous ne connaissez pas le *custode* italien, type à part dont la rapacité n'a d'égale que la misère. Quand vous redescendrez, les deux autres réclameront la *buona mano*.

Virgile, né à Andes, aujourd'hui Pietola, près de Mantoue, l'an 684 de Rome, mourut en 734, dix-neuf ans avant Jésus-Christ. Il venait d'accompagner Auguste en Grèce. Les vents, obéissant aux ordres touchants d'Horace, avaient déposé sain et sauf, au rivage de l'Attique, le doux poëte « moitié de son âme [1]; » mais, au retour, la mort attendait Virgile à Brandusium [2]. Ælius Donatus, grammairien du quatrième siècle, raconte que ses cendres furent, par ordre d'Auguste, rapportées à Naples et ensevelies sur le chemin de Pouzzoles, *intra lapidem secundum*, c'est-à-dire avant le deuxième mille. Saint Jérome reproduit plus tard l'assertion de Donatus et lui donne une nouvelle force par l'emploi qu'il fait du temps présent : « Virgile mourut à Brindes, dit-il, Sentius Saturninus et Lucretius Cinna étant consuls. Ses restes, rapportés à Naples, *sont* inhumés à deux milles de la ville; l'épitaphe dictée par le poëte mourant est ainsi conçue :

1 *Od.*, I, 3.

2 Aujourd'hui Brindisi. — Servius (*in vit. poet.*) fait mourir Virgile à Tarente, mais son assertion est contraire à toutes les données historiques.

Mantua me genuit, Calabri rapuêre, tenet nunc
Parthenope, cecini pascua, rura, duces [1]. »

Pline le Jeune, dans une de ses lettres, affirme que Silius Italicus, devenu après Néron acquéreur de la villa de Virgile, sur le Pausilippe, ne laissait point passer un seul jour sans visiter, comme un temple, le tombeau du poëte [2].

Il faut en convenir, un grand nombre de traditions fort accréditées ont une origine moins solidement établie. Cependant, l'authenticité de ce monument est très-contestée. Mormile le place au delà de la grotte du Pausilippe; Pellegrino dit que le poëte repose sur cette colline, mais près de la route d'Antignano et loin de la mer [3]. Philippe Cluvier, s'autorisant de quelques vers de Stace qui écrivait longtemps avant Donatus et saint Jérome, incline à penser que le tombeau était au-dessous du Vésuve, près d'un temple construit à l'entrée d'Herculanum [4]. Enfin, par-

1 Euseb., *Chron.*, l. II.

2 « Virgilii ante omnes, cujus natalem religiosius quam suum celebrabat; Neapoli maxime, ubi monumentum ejus adire ut templum solebat. » *Epist.* III, 7.

3 Paoli, *Antichità di Pozzuoli.*

4 Phil. Cluverii, *Italia antiqua*, t. II, c. III. — Stace, *Silv.*, IV carmen 4, *ad Marcellum.*

mi les écrivains modernes ayant de l'autorité, nous devons ranger Ampère au nombre des incrédules [1].

Quoi qu'il en soit, un fait reste debout : le culte dont ce coin de terre et la petite grotte qui s'y trouve ont toujours été entourés depuis des siècles.

Une légende rapporte qu'étant à Pouzzoles, où il demeura sept jours [2], saint Paul, « ce fier contempteur des lettres profanes, » suivant l'expression d'Ozanam, alla visiter le tombeau de Virgile et qu'après avoir relu en ce lieu la quatrième églogue, il ne put retenir ses larmes. A cette visite se rattache une tradition des plus curieuses rappelée en ces termes, par l'abbé Bettinelli, dans un discours sur Mantoue :

« En feuilletant les manuscrits de la maison d'Este, il me tomba sous les yeux ce fait remarquable, consigné par Piccinardi de Crémone. On avait coutume, dit-il, dès la plus haute antiquité, de chanter à Mantoue une hymne sacrée, en l'honneur de Virgile (le croirez-vous ?), à la messe de la fête de l'apôtre saint Paul. Ecoutez cette hymne, et, acceptant un moment ce que croyaient nos ancêtres, il y a plus de mille ans, admettez

1 L'*Empire romain à Rome*, t. I.

2 *Act. Apost.*, XXVIII, 13, 14.

que saint Paul, débarqué sur la plage de Naples, se rendit tout près de là, au Pausilippe, où l'on vénère encore la tombe de Virgile. A cette vue, en présence de ces cendres illustres, saisi d'une émotion inaccoutumée, l'apôtre aurait composé un pieux cantique, gémissant de n'avoir pu connaître vivant et rendre chrétien un si grand poëte :

Ad Maronis mausoleum
Ductus, fudit super eum
Piæ rorem lacrymæ :

Quem te, inquit, reddidissem,
Si te vivum invenissem,
Poetarum maxime [1].

« Ce témoignage est certainement remarquable, bien qu'il ait pour base l'extrême simplicité dont les rites sacrés, les évêques et les prêtres de cette époque n'étaient pas exempts. Il est très-glorieux pour Virgile que nos pères aient voulu l'introduire, en quelque sorte, dans la très-sainte religion de Jésus-Christ [2]. »

[1] Conduit au tombeau de Virgile, il y répandit la rosée de pieuses larmes : Quelle grande âme j'aurais fait de toi, s'écria-t-il, si je t'avais trouvé vivant, ô le plus illustre des poëtes!

[2] *Opere edite ed inedite*, dell' abbate Z. Bettinelli ; Venise,

La tradition populaire voulut elle-même ajouter quelque chose à cette légende, et pendant longtemps le pâtre qui faisait voir aux voyageurs le tombeau du poëte disait, en montrant près de là une petite chapelle : C'est ici que Virgile entendait la messe [1].

L'auteur d'un vieux poëme manuscrit du treizième siècle, intitulé l'*Image du monde,* complète la tradition qui concerne saint Paul. Suivant lui, l'apôtre, arrivé à Rome, aurait cherché à s'emparer de livres que le poëte avait enfermés, disait-on, dans une cachette protégée par des sortiléges; le Saint aurait fait cesser l'enchantement, mais sans pouvoir trouver ensuite le précieux dépôt qu'il convoitait [2].

« On trouve dans la plupart de nos écrivains, dit Celano, que jusqu'à l'année 1326, il y avait, au milieu de la chambre appelée le tombeau de Virgile, une urne de marbre qui contenait encore les cendres du poëte, et était supportée par neuf

1789 à 1802. — Donesmondi, *Storia ecclesiastica di Mantova*, 1613, rapporte le même fait.

1 V. F. Ozanam, *La Civilisation au cinquième siècle,* t. Ier, 9e leçon.

2 M. Leroux de Lincy a fait connaître ce livre dans un article inséré au *Bulletin des bibliophiles.*

petites colonnes également de marbre. On y lisait l'inscription connue : *Mantua me genuit*, etc., qu'on dit avoir été composée par Virgile lui-même [1]. »

Robert d'Anjou, au mois de mars 1341, vint visiter le tombeau de Virgile, accompagné de Pétrarque, qui planta de sa propre main un laurier en l'honneur de son illustre ancêtre en poésie.

« Chose digne de remarque, écrit Mazzella en 1594, un superbe pied de laurier est venu tout naturellement sur la coupole de cette chambre. Ses racines ont pénétré dans les fissures de la muraille, ce qui prouve bien que la nature notre mère l'a fait naître pour indiquer le lieu où reposent les cendres du grand poëte, étonnement du monde, *stupore del mondo*. La coupole entière se trouve, en outre, couverte de myrtes et de lierres dont la vue est très-pittoresque et fait beaucoup d'impression sur le visiteur. Il est évident, pour moi, que la nature a produit ces plantes, à la fois pour orner le tombeau d'un homme aussi illustre et pour faire ressortir davantage sa grandeur : en effet, voyant le sépulcre du poëte privé de marbres rares et de grand prix, elle a voulu,

1 *Notitie del bello, dell' antico e del curioso della città di Napoli*, dal can. Carlo Celano, *Giornata nona*; 1692.

à sa manière, honorer le monument, afin que chacun l'abordât saisi d'un sentiment de vénération [1]. »

En 1625, dans la villa voisine qui appartenait à la marquise della Ripa, en creusant un trou pour planter un arbre, on rencontra un marbre sur lequel on lisait cette inscription gravée à l'antique :

Siste. Viator. Quæro. Parce. Legito
Hic. Maro. Situs. Est [2].

Vers 1650, le duc de Guise, dans la relation de son entreprise romanesque contre Naples, s'exprime ainsi : « Le tombeau de Virgile est de marbre blanc, fait en petit dôme sur le haut duquel, de temps immémorial, un laurier a pris racine dans le marbre, sans qu'il y ait aucune trace de terre pour le conserver; un vieux même qui y était, étant mort depuis quelques années, la nature en a repoussé un nouveau, semblant vouloir éterniser la mémoire de ce grand homme par le

1 *Sito e antichità della città di Pozzuolo,* da Scipione Mazzella; 1594. — Paoli, *Antichità di Pozzuoli,* donne du tombeau de Virgile deux gravures et un plan dus à l'habile burin de Volpato.

2 Celano, *Notitie del bello,* etc... *Giornata nona.*

prodige de ce laurier dont les branches ont servi de tout temps à couronner les grands poëtes aussi bien que les victorieux [1]. »

En 1692, Celano écrit que le tombeau de Virgile ressemble à un petit temple, élevé sur un talus, couvert d'une voûte s'arrondissant au milieu en forme de coupole, et construit avec des pierres de la montagne même, en *opus reticulatum* [2] mélangé de quelques briques. La largeur de ce petit temple était de dix-sept palmes, à l'intérieur, et sa hauteur de seize palmes environ; on y remarquait dix niches et deux fenêtres.

« La nature, ajoute Celano, a honoré ces lieux, voulant que ces ruines du sépulcre d'un poëte comme Virgile fussent couvertes de lauriers. Sur la voûte ou coupole, on voyait effectivement, jusqu'en 1665, un superbe laurier, et personne ne savait comment il pouvait vivre, ayant ses racines dans la pierre. Cet arbre fut brisé par un peuplier qui, dans une grande tempête, fut arraché de la

1 *Mém. du duc de Guise; Nouv. collect. des mém. pour servir à l'hist. de France*, 1839.

2 Dans ce système, des blocs de tuf taillés en cube, au lieu d'être posés à plat sur un de leurs côtés, reposent sur une de leurs arêtes, de manière à s'adapter l'un à l'autre comme autant de coins. Ce genre de maçonnerie donnait à un mur l'aspect d'un filet, d'où le nom *opus reticulatum*.

roche supérieure; mais les plantes se sont de nouveau multipliées autour du tombeau, particulièrement les lierres et les myrtes [1]. »

Le duc de Pescolangiano, propriétaire du terrain à la fin du dix-septième siècle, fit graver sur une plaque de marbre un distique à la louange du prince des poëtes.

Le 26 novembre 1739, le président de Brosses raconte ainsi son excursion au Pausilippe : « De là j'allai au tombeau de Virgile. Si vous avez jamais vu un bout de muraille ruinée, c'est la même chose. Il est tout solitaire dans un coin, au milieu d'une broussaille de lauriers dont le Pausilippe est farci, ce qui diminue un peu le prodige de l'honneur qu'avait fait la nature au prince des poëtes, en faisant, dit-on, croître un laurier sur son tombeau. Je trouvai dedans une vieille sorcière qui ramassait du bois dans son tablier, et qui paraissait avoir près de quatre-vingts siècles; il n'y a pas de doute que ce ne soit l'ombre de la Sibylle de Cumes, qui revient autour de ce tombeau [2]. »

L'abbé de Saint-Non dit qu'en 1781, la seule

1 *Notitie*, etc., *Giornata nona.*

2 *Lettres familières écrites d'Italie*, lett. XXXII.

inscription qui restât était une amplification de la célèbre épitaphe : *Mantua me genuit,* etc... [1]

Voici la description exacte du tombeau tel qu'il est aujourd'hui. La petite porte dont nous avons parlé s'ouvre sur un escalier de quelques marches au bas duquel, à gauche, on rencontre une grotte moitié naturelle, moitié artificielle. On y peut faire environ six pas. En face, sur le flanc du rocher, nous avons recueilli ce mauvais distique :

Qui cineres tumuli hœc vestigia conditur olim
Ille hic qui cecinit pascua, rura, duces.
Can. reg. M. D. LIIII [2].

A droite, près de l'entrée, végète le laurier ou le successeur du laurier planté par Casimir Delavigne. Dans l'intérieur de la grotte sont rangées dix niches absolument semblables à celles de tous

1 *Voyage dans le royaume de Naples,* par l'abbé de Saint-Non; magnifique ouvrage en cinq in-folio, 1781.

2 Ce distique est cité avec des variantes par plusieurs auteurs, notamment par Mazzellà. Heyne l'attribue à un « auteur incertain » et en donne une version à peu près intelligible :

Quæ cineris tumulo hæc vestigia? Conditur olim
Ille hoc, qui cecinit pascua, rura, duces.

lès *columbaria* [1]. Une fenêtre cintrée donne jour au-dessus de l'ouverture béante de la grotte du Pausilippe.

Sur le très-modeste monument de marbre placé dans le jour de la fenêtre, on lit, au centre d'une couronne de laurier sculptée :

P
VIRGILIO
MARONI

Plus bas :

Mantua me genuit, Calabri rapuere, tenet nunc
Parthenope, cecini pascua, rura, duces.
1840.

Et sur le piédestal :

CONSACRÉ AU PRINCE DES POÈTES LATINS
PAR F. G. EICKHOF,
BIBLIOTHÉCAIRE DE S. M. LA REINE DES FRANÇAIS.

L'aspect général des lieux n'a guère changé. Des plantes grimpantes et parasites s'entre-croi-

[1] V., p. 14, la description que nous avons donnée d'un *columbarium*

sent sur les parois extérieures de la grotte, des vignes folles, des lentisques et des oliviers occupent le sommet. On y peut arriver au moyen de quelques pierres qu'on prendrait presque pour des marches. De là, Naples apparaît, au second plan, à travers des pins dont les têtes gigantesques menacent le ciel de leur vert panache. La vue est splendide et mérite l'estime dont elle est l'objet de la part des artistes.

Nous n'avons pas besoin de le dire, les restes du poëte ont disparu.

« J'ai lu, dit Celano, dans un vieux manuscrit conservé au musée du savant comte de Misciagna, un fait confirmé par un grand nombre d'écrivains napolitains. Au temps du roi Robert d'Anjou, quelques étrangers étant venus en ce lieu ouvrirent le tombeau et s'emparèrent d'un merveilleux livre d'oracles qui s'y trouvait. Pensant qu'ils avaient eu l'intention de voler les restes de Virgile, on transporta, par précaution, l'urne au Castelnuovo, mais on ne sait où elle fut placée, malgré les recherches minutieuses que fit faire Alphonse d'Aragon (1456). Faut-il s'en étonner lorsqu'on sait combien de travaux militaires ont été exécutés à Naples et spécialement dans ce château? Depuis, aucune indication particulière n'a signalé le tombeau de Virgile. Cependant je trouvai un jour un Allemand qui s'évertuait à arracher une pierre, pour l'emporter comme relique [1]. »

Suivant Paoli, un religieux du couvent voisin du tombeau, Alfonso Ferrera, cité par Capaccio, racontait le fait différemment : l'urne aux neuf colonnes aurait été dérobée par un cardinal de Mantoue qui serait mort en route, à Gênes, abandonnant dans cette ville son précieux trésor. Pourtant Stefano [2], écrivain postérieur d'un siècle à Villani, et contemporain de Ferrera, loin de gémir sur cette perte, affirme avoir vu l'urne, privée, il est vrai, des cendres du poëte. En présence de ces contradictions, Paoli déclare ne plus savoir à qui s'en rapporter. Il pense que les restes de Virgile avaient été simplement déposés dans un *cinerario* qui occupait la principale niche du *columbarium*.

Les cendres de Virgile ont donc été dispersées au vent des siècles. Mais le poëte n'est point mort. Son génie, l'honnêteté de sa vie surtout, gardent sa mémoire. Il a un autel et un culte

1 *Notitie, etc., Giornata nona.*

2 *Descrizione dei luoghi sacri,* lib. II.

dans l'esprit de tous ceux qui aiment la vraie beauté littéraire. Sa figure se dégage noblement du milieu de ce monde de poëtes et d'écrivains antiques si pleins de sentiments faux, si ignorants pour la plupart de la simple notion du juste et de l'injuste. Aussi l'histoire, ratifiant le témoignage d'Horace, a-t-elle placé « l'excellent Virgile [1] » parmi les quelques âmes candides que nous a montrées le paganisme :

> Animæ quales neque candidiores
> Terra tulit [2].

Sans doute, le poëte a inévitablement subi quelquefois, dans le cours de sa vie, l'influence de la société corrompue où il était né; sans doute, Virgile fut un flatteur, une muse d'Etat, comme on a dit de nos jours; sans doute, il a été l'ami d'Auguste et n'a pas craint de dénaturer l'histoire pour fabriquer à son maître une origine fantastique et céleste [3]. Mais qui songe-

1 *Sat.* I, 6; 54.

2 *Sat.* I, 5; 41. — Le poëte parle de Plotius, de Varius et de Virgile.

3 « Toute l'histoire d'Enée, d'Anchise, d'Ascagne, sera exposée avec complaisance, parce que ce sont les aïeux de Jules César et d'Auguste; et Virgile se met l'imagination à la

rait à lui en faire un véritable reproche? Les pouvoirs absolus, dans tous les temps, pèsent d'un poids fatal sur les caractères; le prestige qui entoure l'homme exerçant à lui seul un pouvoir sans contrôle, a des séductions indéfinissables et conduit insensiblement, sans qu'ils en aient conscience, les plus grands esprits à la servilité. Relisons l'histoire du dix-septième siècles et nous verrons les génies du moment courbés dans la poussière aux pieds de Louis XIV.

Pour être flatteur, Virgile avait du moins une excuse. Arraché par un soldat à l'ombre de ses hêtres, il vient à Rome demander justice au triumvir lui-même. Octave écoute le jeune homme et lui fait rendre le domaine de ses pères. De la misère il rentre dans l'aisance. « O Mélibée, un dieu m'a fait ce loisir; oui, il sera toujours un dieu pour moi!.. » s'écrie aussitôt le poëte.

Il tint parole jusqu'à son dernier jour, car il avait « une de ces nobles natures qui gardent d'un bienfait une éternelle mémoire; il s'estimait l'obligé d'Auguste : il lui voua son génie et son

torture, il fait des tours de force d'invention, au service d'un très-médiocre sujet. *Auguste, sa famille et ses amis*, par M. Beulé.

existence entière, croyant n'avoir jamais assez fait pour sa gloire et tenant toujours ouverts pour lui les splendides trésors de sa reconnaissance [1]. »

Quelques critiques l'accusent d'avoir puisé dans ces trésors avec une trop grande prodigalité et de s'être ainsi rendu complice du despotisme impérial. Ce serait même pour se dégager d'un poids accablant pour sa conscience qu'il aurait voulu brûler l'*Énéide* [2]. Nous n'en croyons rien ; ce remords est d'invention récente. Tous les biographes donnent une cause plus simple au désir exprimé par le poëte mourant : il trouvait son œuvre trop imparfaite au point de vue littéraire.

Quant à faire Virgile plus innocent qu'il n'est, nous ne l'essaierons point ; mais, à en juger par certains récits concernant ses relations particulières avec l'empereur, Virgile devait être un cour-

1 *Les Muses d'Auguste*, par Ferdinand Castanet, 1865. — L'auteur de cette brochure très-littéraire attaque, en général, très-violemment Virgile ; mais il est permis de croire que c'est moins par conviction que pour se faciliter des rapprochements ingénieux et des allusions à la politique du second Empire.

2 *Auguste, sa famille et ses amis*, par M. Beulé. — V. aussi *Les Muses d'Auguste*, par F. Castanet.

tisan honnête et naïf. Un exemple : Auguste eut un jour, dit-on, la fantaisie d'abdiquer et demanda conseil à Virgile. Quelque temps après, les mauvaises langues se racontaient au Forum le raisonnement dont le poëte s'était servi pour décider Auguste à demeurer au faîte de l'empire : « Tous les tyrans, avait-il dit, sont à charge au peuple parce que, pour la plupart, ils sont injustes. Mais vous êtes juste, aussi vos sujets vous aiment et vous adorent, car les hommes ont l'habitude, quand ils ont un roi juste, de préférer son joug à la liberté, bien que souvent ce roi soit un tyran ; vous devez donc rester maître du pouvoir, c'est votre intérêt et celui de l'univers. » Voilà comment, guéri de la folie d'abdiquer, fréquente mais de peu de durée chez les souverains, Auguste conserva l'empire pour le plus grand bonheur de ses peuples !

Heyne a recueilli dans tous les auteurs les louanges données à Virgile. Il n'omet pas de dire que le poëte fut « prudent » et raconte, pour le prouver, l'anecdote que nous venons de citer [1].

Malgré ces complaisances envers l'empire, Virgile était trop connu et aimé pour qu'on lui gar-

1 Heyne, *Virg. op.*, t. VII, *Laudes Virgilii.*

dât rancune. Sa popularité était telle, qu'au dire de Tacite, « le peuple, entendant au théâtre les vers de Virgile, se leva comme un seul homme et témoigna au poëte qui, par hasard, était présent parmi les spectateurs, le même respect qu'à Auguste [1]. »

Est-il étonnant qu'une telle figure ait eu sa légende ?

Nous n'entreprendrons pas de la raconter ici, car elle exigerait, à elle seule, un ouvrage considérable [2]. Il suffira d'en esquisser les principaux traits.

Tout d'abord, la naissance de Virgile est annoncée par des signes extraordinaires. « Maia, sa mère, dit Maffei, évêque de Casale, rêva, durant la nuit qui précéda la venue de l'enfant, qu'elle

1 Tacit., *Dial. orat.*, XIII.

2 Cet ouvrage sera fait, il faut l'espérer. Les éléments en ont été habilement groupés par M. O. Vaudoir-Lainé, licencié ès-lettres. La thèse qu'il a soutenue, en 1869, à l'école des Chartes, sous ce titre : *Virgile, ses transformations et sa légende au moyen âge,* nous promet un livre très-curieux. Voir les positions de cette thèse, imp. Raçon, Paris. — On peut voir également : *Quæque vices, quæque mutationes et Virgilium ipsum et ejus carmina per mediam ætatem exceperint,* Paris, 1846, par Francisque Michel.

mettait au monde une branche de laurier; ce rameau de l'arbre dédié à Apollon l'avertissait qu'elle allait être mère du plus grand des poëtes. Virgile en naissant ne laissa échapper ni vagissements ni plaintes et il sembla que venait de naître le sourire du monde *(e parve che nascesse il riso del mondo)*; et les abeilles volèrent autour de sa bouche pour y déposer le miel ou plutôt pour le recueillir : présage de cette douce éloquence qui égala celle de Pindare, de Platon et de saint Ambroise [1] ! »

En parlant du songe de la mère de Virgile, un vieux grammairien s'écrie : « O songe véritablement prophétique! Rien de plus clair n'est jamais sorti par la porte de corne. Grâce à ce laurier, Maia connut d'une manière certaine le génie poétique de celui qu'elle portait [2]. »

Le jour même de la naissance de Virgile, un peuplier fut planté, suivant l'usage du pays; en peu de temps, cette tige s'élança verdoyante vers

1 *Gli Annali di Mantova,* da Maffei, Vescovo di Casale, in-folio, 1675.

2 O sopor indicium veri! Nil certius unquam
Cornea porta tulit. Facta est interprete lauro
Certa parens, onerisque sui cognoverat artem!

(Phocas, *Gramm. Virg. vit.*)

le ciel et on la vénéra sous le nom d'arbre de Virgile. Les jeunes femmes y venaient suspendre leurs offrandes afin d'avoir de beaux enfants, doux et simples comme le petit pâtre, illustres comme le grand poëte.

Maffei, continuant l'histoire de Virgile, rapporte que, comblé de biens par Auguste, il devint fort riche et posséda jusqu'à 250 mille écus d'or. Et cela n'est pas étonnant, dit-il, en usant d'une prodigieuse métaphore, « c'est seulement dans les grands océans qu'on rencontre les énormes baleines!! [1] » Enfin, Maffei termine la vie du poëte en disant que celui qui avait mérité de naître sur les rives du Mincio, parmi les cygnes, était digne de mourir à Naples, au milieu des sirènes.

L'urne qui contenait les cendres de Virgile était à peine fermée, l'ombre immortelle du poëte errait depuis quelques jours seulement sur la colline du Pausilippe, et déjà l'auteur de l'Enéide était érigé en pontife et même divinisé par ses contemporains. Un peu plus tard, on lui élevait des statues. « Nous savons, dit M. Beulé, que,

1 « Ne ciò è maraviglia, perche solamente ne' grandi Oceani le smisurate balene si ritrovano. » *Gli Annali di Mantova*, da Maffei.

dans le sanctuaire (*lararium*) de la maison des empereurs, il y avait un buste de Virgile, et c'était à bon droit, car le grand poëte avait fait accepter l'empire plus que personne; il avait singulièrement contribué à le consacrer en l'entourant de la double auréole de la poésie et du sentiment national [1]. »

Servius rapporte que les Romains considéraient Virgile comme un oracle et un historien des plus véridiques et appelaient l'Enéide les « *Gesta populi romani* [2]. »

S'il faut croire les innombrables écrivains qui se sont occupés de son œuvre et de sa personne, Virgile avait le don de toutes les sciences : il était astrologue, médecin, mathématicien, ingénieux à fabriquer les choses, éloquent avocat, très-savant dans le droit pontifical et les rites, ami de l'antiquité et des lettres grecques, habile dans tous les arts, etc., etc. [3] N'oublions pas d'ajouter qu'il fut sorcier; ainsi des biographes attribuent à sa puissance magique le percement, en une seule nuit, de la grotte du Pausilippe. Suivant Pétrarque, la double signification du mot latin *carmen*,

1 *Auguste, sa famille et ses amis.*
2 Servius, ad lib. VI *Æn.*
3 Heyne, *Virg.*, t. VII, *Laudes Virgilii.*

qui se prend également pour *vers* et *enchantement*, a sans doute contribué à accréditer cette fable.

Les chrétiens firent de Virgile un prophète. C'était naturel puisqu'il était devenu, pour ses contemporains eux-mêmes, le précurseur d'une sorte de religion inconnue. On le sait, la quatrième églogue, expliquée de bonne heure dans un sens prophétique, assigna au poëte une place importante parmi ceux qui avaient annoncé le christianisme. Cette interprétation aurait même reçu une consécration solennelle; Eusèbe, au quatrième siècle, prête à Constantin le discours qui suit, devant les Pères de Nicée :

« Quelle est cette vierge, si ce n'est celle qui conçut de l'Esprit-Saint? Nous croyons que ces vers, sous le voile de l'allégorie, ont à la fois leur clarté et leur obscurité. Virgile connut, je le pense, le mystère bienheureux de notre Sauveur; mais, pour éviter la cruauté des hommes, il a tourné les esprits vers des idées qui leur étaient familières, en les exhortant à dresser des autels au nouveau-né. »

Nous trouvons, au sujet de cette croyance, une page très-intéressante dans un livre récent. Après avoir décrit la route qui conduit au monastère bénédictin de Monte-Vergine, dans le royaume de Naples, l'auteur s'exprime ainsi :

« Ce point élevé, qui domine le pays des anciens Samnites, fut consacré dans l'origine au culte de Cybèle, culte mystérieux, plus ancien que Rome, et qui se cachait, comme celui des druides, dans les profondeurs des forêts. Sous les Romains, la montagne portait déjà, comme aujourd'hui, le nom de Mont-Vierge — *Mons Parthenius* — et les légendaires assurent qu'elle dut cette appellation au séjour du chaste Virgile. En effet, le poëte de Mantoue apparaît, au début de la tradition locale, comme une sorte d'initiateur chargé d'annoncer au vieux monde païen la venue des temps nouveaux :

> Ultima Cumæi venit jam carminis ætas :
> Magnus ab integro seclorum nascitur ordo.

Frappé de la lecture des oracles sibyllins qui prédisent la naissance d'un Dieu sauveur, le poëte vient interroger sur leur montagne les prêtres de Cybèle. Par mauvais vouloir ou par impuissance, ceux-ci se refusent à satisfaire sa curiosité. Alors il s'adresse à la déesse elle-même ; il l'évoque au moyen d'herbes magiques qu'il fait venir d'Orient et planter dans son jardin. Mais la légende affirme que ce jardin demeura enchanté. Elle ajoute qu'à l'époque de l'arrivée des moines, l'un d'eux ayant eu l'imprudence de s'y engager, s'y trouva enfermé comme dans un labyrinthe sans issue. C'est ainsi que la légende chrétienne s'empare de ce grand nom dans lequel se résume, pour le moyen âge, la sagesse profane de l'antiquité, et Dante, en prenant Virgile pour guide dans sa *Divine Comédie,* se montre fidèle aux traditions religieuses de l'époque. A ses yeux, en effet, comme à ceux de ses contemporains, le chantre d'Enée et de Didon n'était pas seulement le poëte par excellence; il était aussi un des précurseurs de la vérité religieuse au milieu des erreurs du paganisme, et, selon l'expression même de Dante, le glorieux dépositaire de tout art, de toute science en ce monde [1]. Ne nous étonnons point de ces honneurs excessifs rendus au génie par l'admiration et l'enthousiasme d'un autre âge, exagérations que ne nous permet plus l'esprit critique des temps modernes. Si, à son culte particulier pour la Vierge Marie, Dante unit de continuels hom-

1. Famoso saggio
O tu ch'onori ogni scienza ed arte.
(*Infer.*, cant. IV, 25.)

mages décernés à Béatrix et à Virgile, c'est que, suivant la juste remarque de l'un de ses derniers interprètes [1], dans chacune de ces trois personnalités si différentes, son imagination voyait un vivant et radieux symbole. De même que la Vierge, au cœur plein de miséricorde, représentait la clémence divine, de même Béatrix figurait la muse inspiratrice des nobles pensées, tandis que le poëte de Mantoue était l'image de l'humanité avec ses inénarrables faiblesses.

« Le souvenir de Virgile survécut à l'établissement du christianisme dans le Samnium. Après que saint Félix, saint Maximin, saint Modestin et d'autres missionnaires eurent converti les populations de la contrée, l'évêque de Capoue, Vitalien, dédia à la sainte Mère de Dieu le temple jusqu'alors consacré à la mère de tous les dieux. Mais, en conservant dans un autre sens le nom de Mont-Vierge, la montagne garda aussi, et jusqu'au douzième siècle, celui de Mont de Virgile [1]. »

1 F. Ozanam; *Dante et la Philos. cathol. au treizième siècle.*

1 *Les Monastères bénédictins d'Italie*, par A. Dantier. — V. aussi : *Dissertations sur l'Enfant qui fait le sujet de la 4e églogue de Virgile;* Mém. de Trévoux, 1703, janv., p. 7; 1736, juill., p. 1709.

Cette page résume très-complétement la tradition relative à l'églogue *Sicelides musæ*. Toutefois, nous devons le dire, ces interprétations ne trouvèrent pas le même crédit auprès de tous les anciens auteurs. Saint Jérome, par exemple, ne veut point les admettre [1]; cependant personne plus que lui ne devait être enclin à ces sortes de commentaires, car il avait pour Virgile une admiration qui se trahit dans un grand nombre de ses lettres. Sans cesse il proclame le poëte son ami et l'appelle « notre Virgile, » au point de scandaliser Magnus, rhéteur romain, qui lui en fait de sanglants reproches. Mais Jérome relève l'accusation : « Saint Paul, en dépit de l'austérité de sa doctrine, n'hésite point, dit-il, à citer Epiménide dans l'épître à Tite, et ailleurs un vers de Ménandre [2]. »

Saint Augustin professe le même culte pour Virgile : « Il faut que les enfants lisent ses œuvres, écrit le grand évêque d'Hippone, car c'est le plus excellent, le plus illustre de tous les poëtes : il faut s'identifier avec lui dès ses plus jeunes années afin qu'il ne vous sorte pas facilement de la mémoire [3]. » Lui-même, prêchant

1 Epist. ad Paul. LIII. — 2 Epist. LXXXIII ad Magnum.
3 *De civ. Dei*, I, 3.

d'exemple, avait coutume de se faire lire chaque jour, avant de souper, la moitié d'un *volume* de Virgile [1]. Il place le poëte au rang des sages et le loue d'avoir adopté les idées platoniciennes [2]. Enfin, dans un sermon pour le jour de Noël, il n'hésite pas à faire entrer Virgile dans l'Église et à l'associer aux solennités liturgiques. Il n'y avait rien là qui dût surprendre les fidèles de cette époque, habitués à voir le nom du poëte à côté de celui des prophètes et même des évangélistes! On cite, en effet, vers la fin du quatrième siècle, une histoire du Nouveau Testament composée par Proba Falconia avec des centons virgiliens. Cette œuvre de compilation bizarre commençant à passer, dans l'esprit de beaucoup de chrétiens, à l'état de véritable évangile, le pape Gélase Ier se vit forcé de la déclarer apocryphe par une décrétale [3].

1 « Ante cœnam dimidium volumen Virgilii audire quotidie solitus eram. » *De Ordine*, I.

2 *De civ. Dei*, IV, X, XIII, XIV.

3 *Bullarium roman. pontif.*, t. I. — Ces rapprochements entre l'œuvre du grand poëte et l'Evangile ont donné lieu, alors et depuis, à une foule de livres des plus étranges. Citons entre autres : *Vaticinium mirabile*, complectens grandia mysteria lapsæ et reparatæ salutis humanæ per Dn. Jesu Christi incarnation. nativitat. mort. et resurrect. in Virgilio

Au cinquième siècle, deux livres forment à peu près à eux seuls la base de l'enseignement : Virgile et le code Théodosien.

Mais, au moyen âge principalement, la légende prend de singulières proportions. Dans le *Roman des faicts merveilleux de Virgile,* c'est le fils d'un chevalier des Ardennes ; il fait ses études à Tolède « en l'art de nigromance ; » à son retour, il déclare la guerre à l'empereur Parsidès qui refuse de lui rendre ses biens.

Le vieux poëme manuscrit du treizième siècle, dont nous avons eu déjà l'occasion de parler, l'*Image du monde*, a un chapitre intitulé : *Des Mervoilles que Virgile fist par astronomie.*

D'autres le regardent comme un devin inspiré, initié par son aïeul Magius ou Magus aux mystères du monde surnaturel, et comme un enchanteur possédant toutes les sciences. Il y a sur ce sujet deux livres très-curieux, le *Roman des sept sages* et le *Dolopathos.* Dans ce dernier ouvrage, qui remonte aux premières an-

absconditum ; Joh. Casp. Zwiewelhofferi. — Ægidii Bavarii *Musa Maronis catholica seu catechismus versibus Virgilianis ;* Antverp., 1622. — Α καὶ Ω ! *Jesus patiens Virgiliani carminis flore convestitus ;* D. prodit in Electorali Dresda e Museo Jo. Frd. Hekelii. Beaumannianis litteris, 1678.

nées du treizième siècle, Lucinien, fils de Dolopathos, roi de Sicile au temps de l'empereur Auguste, est condamné au feu par le roi son père. Virgile, précepteur du jeune prince, parvient à démontrer à Dolopathos l'innocence de son élève. Le trouvère Herbert, auteur du poëme, affirme que Virgile, en mourant, tint si ferme dans sa main le livre où il avait exposé toutes les sciences, qu'il fallut bien le laisser partir avec lui [1].

Bernard de Chartres veut que chaque vers de Virgile renferme un sens philosophique qu'il prétend dévoiler. M. Cousin a rendu un compte minutieux du *Commentaire* de Bernard de Chartres sur les six derniers livres de l'*Enéide*. D'après le penseur du douzième siècle, Enée « est l'esprit qui habite le corps. Les tempêtes qu'il éprouve sur la mer sont les sécrétions et les excrétions du corps, « *influxiones et effluxiones;* » ses sept vaisseaux sont les sept volontés; ses compagnons sont les membres de son corps; sa femme Créuse est le désir du bien; ses

1 *La Jeunesse de Virgile*, étude très-intéressante publiée dans les *Mémoires de la Société des sciences morales, des lettres et des arts* de Seine-et-Oise, par M. Cougny, professeur au lycée de Versailles, t. VII, 1866.

voyages en différentes contrées marquent les passions que traverse l'âme humaine [1]. »

Enfin, Virgile figure dans un certain nombre de mystères du moyen âge. Dans deux de ses drames, saint Martial de Limoges lui donne le rôle de prophète. Au mystère de Noël, à Rouen, le poëte vient immédiatement après les prophètes, toujours à cause de la quatrième églogue :

Maro, Maro, vates gentilium,
Da Christo testimonium !

Virgile, représenté par un jeune homme richement habillé, doit répondre :

Ecce polo demissa solo nova progenies est [2].

A cette époque, le nom de Virgile est dans toutes les bouches : Mantoue s'appelle la *città Virgiliana,* et son peuple *popolo Virgiliano ;* Pietola, autrefois Andes, lieu de naissance de Virgile, veut être nommée *la Virgiliana,* afin

1 V. Cousin, à la suite des *Ouvrages inédits d'Abélard ;* in-4°, 1837.

2 Ducange, *Glossar. ad script. med. et infim. latinitatis.* III, 255, édit, Heuschel.

que tout l'univers « connût sa félicité ; » les monnaies de Mantoue sont frappées à l'effigie de Virgile, son portrait est brodé sur les bannières militaires ; les places, les rues et les maisons sont peuplées de ses statues [1]. Les vers de l'*Enéide,* des *Géorgiques* et des *Eglogues* sont cités par tous les écrivains presque à toutes les pages ; Virgile est le compagnon journalier de tous les grands hommes, et c'est sur un manuscrit du poëte, sur ce manuscrit « qui revient sans cesse sous ses yeux, » que Pétrarque, apprenant la mort de Laure, écrit les suprêmes accents de son amour et de sa douleur [2].

1 Il y avait notamment une statue de Virgile sur la grande place de Mantoue. Irrité des honneurs qu'on rendait à cette statue, honneurs que la pieuse comtesse Mathilde et saint Anselme n'avaient pas considérés comme une superstition, le fameux Malatesta fit jeter ce beau marbre au Mincio. Les habitants de Mantoue, indignés d'un pareil outrage, prirent les armes et forcèrent Malatesta à repêcher la statue. Ce fait est rapporté par Bettinelli.

2 Pétrarque avait pour Virgile un culte particulier. L'exemplaire qu'il possédait des œuvres du poëte est couvert de notes de sa main ; c'est un des joyaux de la bibliothèque ambroisienne, à Milan. L'abbé de Sade, descendant de Laure, la célèbre héroïne de Pétrarque, et auteur des *Mémoires pour la vie de Fr. Pétrarque* (Amsterdam, 1764), raconte ce fait : « Pétrarque étant à Parme, le 19 mai 1348, y reçut une lettre de son ami Socrate qui lui apprenait que Laure était

Tel est l'ensemble de la légende virgilienne.

Il ne nous reste plus qu'à exprimer une espérance : les riches maisons de Pompéï nous ont légué le buste vénérable d'Homère, la face grimaçante de Socrate, la noble tête de Platon ; puissent-elles nous donner de voir un jour la douce physionomie de Virgile !

S'il faut s'en rapporter à ses nombreux biographes, le poëte avait une haute taille et la figure rustique. Bien qu'il fût très-sobre, sa santé était mauvaise : il souffrait de l'estomac, de la gorge et de la tête, et crachait le sang. C'est lui, dit-on, qu'Horace a voulu peindre dans une sa-

morte de la peste, le 6 avril 1348, et qu'on l'avait enterrée le jour même dans l'église des Cordeliers d'Avignon, après Vêpres. Pétrarque, extrêmement touché de ce triste événement, en écrivit quelques circonstances sur une feuille de papier, avec les réflexions qu'il lui avait fait faire ; et pour tenir toujours présent à son esprit le souvenir d'une si grande perte, qui devait le détacher entièrement du monde, il colla ce papier contre le bois de la reliure de son Virgile qui revenait souvent sous ses yeux. Tomasini assure que c'était un ancien usage d'écrire, sur le livre qu'on lisait le plus souvent, les choses dont on voulait se retracer quelquefois le souvenir. » — Ces réflexions touchantes de Pétrarque sont en latin ; il dit entr'autres choses qu'il les écrit « hoc potissimum loco, qui sæpè sub oculos meos redit. » — Voir également *Essai sur la vie de Pétrarque,* par Du Laurens, Avignon, 1839.

tire : « N'auriez-vous pas le droit de rire si vous voyiez ses cheveux mal tondus, sa toge en désordre et sa chaussure qui ne lui tient pas au pied? Cependant cet homme est bon, jamais on n'en vit de meilleur, c'est votre ami, un vaste génie caché sous une écorce grossière [1]. »

Sainte-Beuve, fidèle à ces traditions, esquisse ainsi les traits de Virgile : « Il avait gardé de sa première vie et de sa longue habitude aux champs le teint brun, hâlé, un certain air de village, un premier air de gaucherie; enfin, il y avait dans sa personne quelque chose qui rappelait l'homme qui avait été élevé à la campagne. Il fallait quelque temps pour que cette urbanité qui était au fond de sa nature se dégageât. Les portraits de lui qui nous le représentent les cheveux longs, l'air jeune, le profil pur, en regard de la majestueuse figure de vieillard d'Homère, n'ont rien d'authentique et seraient aussi bien des portraits d'Auguste ou d'Apollon [2]. »

Sainte-Beuve avait certainement vu, entr'autres images, un buste qui se trouve au Capitole, dans la salle dite des Philosophes, et qu'on dit être celui de Virgile.

Mais est-il bien vrai que l'antiquité n'ait ab-

[1] *Sat.* I, III. — [2] *Etude sur Virgile*, 1857, p. 53.

solument rien laissé des traits du poëte? Martial nous révèle que, déjà de son temps, on mettait le portrait de Virgile en tête de ses ouvrages [1]. Or, le plus ancien manuscrit de Virgile, celui du douzième siècle, qui est à la bibliothèque du Vatican, donne un portrait du poëte. Evidemment, dit Ampère, ce dessin n'a pas été imaginé au moyen âge; il a dû être copié sur de plus anciens manuscrits remontant peut-être à l'époque même de Virgile. Suivant l'auteur de l'*Iconographie romaine,* la véritable physionomie du poëte pourrait bien être celle qui nous est ainsi transmise par l'artiste ignoré de Saint-Denis; le manuscrit vient, en effet, de cette célèbre abbaye [2]. Dans ce vénérable volume, Virgile, dit M. Beulé, « porte le costume grec; les cheveux, assez courts, tombent sur le

1 *Epigr.* XIV, 186.

2 *Codex Vaticanus,* MS. 3225. « Anteit omnes codices veneranda vetustate, » dit Heyne. Ce manuscrit, qui est en assez mauvais état, a été publié sous ce titre : *Antiquissimi Virgiliani codicis fragmenta et picturæ ex biblioth. Vatic.* ad priscas imaginum formas a Petro sancte Bartholi incisæ; *Romæ,* in-fol., 1741. — Après ce manuscrit, Heyne en signale un autre, également au Vatican, c'est le *Codex* dit *Romanus,* n° 3865. Il est moins ancien, bien que le P. Ambrogi le fasse remonter au deuxième siècle! — La première édition de Virgile fut imprimée à Rome, en 1467 ou 1469.

front comme sur le front d'un diacre; la figure est rasée, le nez assez mal dessiné, l'expression générale est douce et tranquille. Ce manuscrit est de l'école byzantine, et le personnage qu'on donne pour Virgile a un caractère sensiblement byzantin. On a dû, faute de meilleur modèle, accepter ce type, d'après lequel l'art moderne essaie de reconstituer l'image de Virgile. Dans l'antiquité même, Caligula, par folie, avait fait détruire les images de Virgile. Après lui, on rechercha cependant les traits du poëte et on lui dressa des statues [1]. »

Est-ce la copie de l'une de ces œuvres sculpturales qu'on voit à la villa Reale de Naples? Il est permis de le croire. Depuis longtemps on lui donne le nom de Virgile, et vraiment elle ressemble à l'âme du prince des poëtes. La physionomie est un peu féminine, le nez petit, la bouche fine et spirituelle; les traits sont d'une parfaite régularité. La chevelure s'étend sur le front et les oreilles, et ses boucles ondulées, réunies par une mince bandelette, retombent doucement sur les épaules. L'œil semble fixer

[1] *Auguste, sa famille et ses amis.*

quelque chose et rêver. C'est dans cette attitude, à la fois mélancolique et grave, qu'on se représente Virgile, jeune encore, assis dans les jardins de sa villa, et composant ces vers harmonieux comme la brise, quand elle glisse à travers les pins du Pausilippe, ou tumultueux comme les flots, lorsqu'ils frappent en grondant les roches de Nisida.

IX

HERCULANUM

ET POMPEI

La réputation du corricolo est universelle. Le véhicule de Resina est construit pour deux places, cependant on y loge jusqu'à douze personnes.

Un habitant de Resina, après avoir chargé son corricolo de victuailles de toutes sortes, est venu de très-bonne heure à Naples pour y vendre ses oranges, ses citrons et ses pastèques, sur ce fameux marché de la *Strada di Porto* où, suivant le dicton napolitain, on peut, avec 3 centimes, boire, manger et se laver la face, « *co tre calle vive, magne e te lave a faccia.* »

A dix heures, il faut reprendre la route du pays. Mais comment s'en retourner à vide ?

Notre villageois a rencontré, dans un cabaret du Porto, un ou deux pêcheurs. On a bu, tout en causant, quelques verres de vin de Greco. Les deux pêcheurs ont précisément à faire à Resina ; voilà deux compagnons de route improvisés.

Le corricolo s'ébranle ; mais à peine a-t-il fait cent pas sur la Strada Nuova qu'on entend une voix fraîche et criarde :

— Vous allez à Resina ?

— Si, signora.

Et les deux amis du Porto de s'accrocher par derrière à la capote de la voiture pour faire place à une belle paysanne qui s'installe carrément au fond du corricolo, tandisque son fils, un gros garçon de cinq ans, à l'œil noir, aux cheveux longs et huileux, prend siége sur les genoux de la mère.

On arrive à Portici. Une nuée d'hommes, de femmes et d'enfants, postés pour guetter au passage les corricoli, entourent immédiatement les cinq voyageurs. Tout le monde veut retourner à Resina. La voiture tremble sous le poids de cinq personnes, mais on trouvera bien encore un peu de place pour en caser cinq autres, sans compter les deux bambini barbouillés de macaroni, mais gais comme le ciel de leur pays, que vous apercevez dans un filet, sous la voiture ; sans compter ces trois gamins qui, n'ayant pu s'y glisser à temps, se cramponnent au véhicule et vont se laisser entraîner à tous les vents.

Comme il fait grand soleil, l'équipage est couronné d'un large parasol en toile verte ou rouge qu'un des voyageurs de la capote tient galamment suspendu au-dessus de deux beautés de Resina.

Tel est le corricolo dans sa plénitude. Il est complet, il va se mettre en marche. Son petit cheval noir, à peine attelé, à peine bridé surtout, secoue impatiemment la tête et fait miroiter au soleil les plumes de faisan et tout l'attirail de cuivre qu'il porte sur le dos.

Le corricolo s'élance, il court, il vole et vous vous demandez s'il fera cent pas. Quelquefois, en effet, il atteint le but sans événement fâcheux ; mais, en général, il y a deux bras et trois jambes en mauvais état à la fin du voyage. Qu'importe ? On en fait confectionner un égal nombre en cire, pour les offrir à la madone de Resina, et l'on remonte en corricolo à la première occasion.

Resina est à peu de distance de Portici. C'est de là qu'on descend dans la tombe de l'antique ville d'Herculanum, autrefois port de mer, aujourd'hui complétement ensevelie sous la cendre calcinée du Vésuve.

Les richesses enfouies en ce lieu sont condamnées à l'oubli. Emmanuel de Lorraine, prince d'Elbeuf, fut le premier à découvrir ces ruines en 1711. Il en retira de nombreux marbres et beaucoup de statues pour son palais de Portici, et déblaya le théâtre d'Herculanum du côté de la scène. Le roi Charles III fit continuer les fouilles qu'on interrompit bientôt pour les reprendre seulement en 1828. Mais il devient de plus en plus impossible de retirer sains et saufs, du sein de cet océan de lave durcie, les objets d'art qui s'y trouvent. Chaque statue, chaque bronze exige un travail d'artiste : il faut savoir sculpter et ciseler pour arracher ces richesses au moule implacable qui les enserre.

Un peu après Resina, on arrive à Torre del Greco, joli village singulièrement endommagé par les fréquentes éruptions du Vésuve. C'est à Torre del Greco, ou bien encore à Torre dell' Annunziata qu'on commence l'ascension du redoutable cratère. Il faut environ trois heures pour atteindre les bords du cône d'où l'on a, sur une partie assez notable du royaume de Naples, la vue la plus étendue et la plus belle. Ces trois heures sont pénibles, et on est médiocrement soutenu dans sa fatigue par le verre de Lacryma-Christi de l'ermitage de San Salvator.

On ne peut s'empêcher de songer ici au sort de Pline le Naturaliste, et au récit plein d'horreur que nous a laissé son neveu, Pline le Jeune, demeuré à Misène pendant l'éruption de l'année 79. Misène, situé à près de dix lieues de là, ressentit si violemment les commotions volcaniques, que Pline crut que c'en était fait du monde entier; mais ce fut, dit-il, dans mon malheur, « une triste mais grande consolation de penser que tout l'univers périssait avec moi [1]. »

Depuis l'époque où il eut la fantaisie d'ensevelir les trois villes d'Herculanum, de Stabies et de Pompei, le Vésuve a, plus de cinquante fois, épouvanté tout le pays napolitain [2]. Des signes certains annoncent l'événement. Les puits de

1 *Epist.*, VI, 20.

2 La dernière éruption, qui a duré dix ou quinze jours, a commencé vers le 25 avril 1872. « Une foule immense, dit le journal *l'Opinione*, occupait la route qui mène à Resina et de à au Vésuve; elle se répandait de tous les côtés sur l'ancienne couche de bitume provenant des éruptions d'autrefois, afin de regarder de plus près la lave qui approchait imposante et

toute la contrée tarissent, les poissons sont asphyxiés par les exhalaisons méphitiques qui se dégagent des entrailles de la terre, au fond des flots. Une large colonne de fumée s'élève peu à peu du cratère jusqu'à la hauteur énorme de 3,000 mètres, et s'élargit à son sommet, semblable à ces pins gigantesques qui couronnent les montagnes d'Italie. Enfin, un feu rouge s'échappe du volcan, s'enroule en spirale autour des nuages ténébreux d'une fumée mêlée de cendre et de soufre, et cette masse informe de ténèbres et de

ardente. Tout à coup, un bruit souterrain se fait entendre; il se confond, en les dominant, avec les cris d'épouvante poussés par tous les curieux. Un second bruit, plus formidable encore, lui succède, et, en un instant, tout près de l'observatoire, s'ouvre un immense gouffre d'où s'élancent des courants enflammés qui embrasent tous ceux qui sont à leur portée. Un certain nombre de personnes sont tombées dans l'abîme; tous ceux qui le peuvent prennent la fuite au milieu des cris de terreur. Mais sur ces pierres dont les pointes sont aiguës, sur ces couches bitumineuses, inégales, pleines d'aspérités et de scories tranchantes, la fuite est impossible. Mais ce qui l'empêche surtout, c'est la fumée qui, comme un nuage épais et immense, enveloppe ces malheureux et les empêche de voir où ils posent le pied. Cependant la lave s'avance, elle se développe comme un large courant d'une eau fangeuse, sifflant, pétillant et faisant entendre ce bruit particulier de la graisse bouillante sur laquelle on laisse tomber des gouttes d'eau froide. »

flammes, après s'être élancée avec furie contre le ciel, s'en revient, dans un épouvantable chaos, tomber sur le flanc de la montagne en longs fleuves de lave épaisse et bouillante, en pluie de rochers en combustion. A voir cette lutte qui semble engagée entre la terre et le ciel, on croirait assister à l'antique bataille des Titans et des dieux. C'est le signal de l'éruption qui dure souvent plus d'un mois. Et les paisibles habitants de la terre de Labour et de la Capitanate, de se demander, à trente lieues à la ronde, si Satan n'a pas ouvert une des portes de l'enfer.

Redescendons au plus vite le flanc du Vésuve jusqu'à Pompei. Nous avons vu le grand ravageur, visitons maintenant la victime.

On le comprend, il n'entre pas dans notre plan de donner ici la description de Pompei; nous ferons une simple promenade, en passant, à travers ces ruines.

Comment peindre le sentiment qu'on éprouve en mettant le pied sur le seuil de cette ville à demi arrachée de son linceul de soufre? Vous n'êtes plus au dix-neuvième siècle : Napoléon, les immortels principes de 89, Louis XIV, François Ier, Charlemagne, le Bas-Empire, voltigent dans l'espace au nombre des rêves creux. Vous faites un voyage d'agrément dans les provinces méridionales de l'empire romain, l'an 842, *ab Urbe condita,* sous le règne du divin César Néron. Aussi, lorsque vous avez visité la maison de Pansa, la villa de Diomède, pénétré dans l'intérieur de la famille romaine, pris pour le théâtre de l'Odéon votre billet ainsi conçu :

CAV. II.
CVN. III.
GRAD. VIII.
CASINA.
PLAVTI

Ce qui vous apprend que vous serez placé à la seconde travée, deuxième coin, gradin numéro 8, et qu'on joue la *Casina* de Plaute [1], s'il vous arrive de vous regarder, vous vous demanderez quel plaisant personnage vous faites au milieu de toutes ces choses, en paletot noir et en chapeau de paille, et quel est ce petit ramassis de feuilles sèches collées ensemble qui fume au bout de vos lèvres ?

[1] On a trouvé une foule de jetons semblables, dans les ruines des divers théâtres.

L'aspect général de Pompei est triste. Ces rues solitaires, étroites, ces maisons privées de leurs toits, ces colonnes à demi brisées des forums, ces temples découronnés, tout enfin respire la désolation. Mais on a bientôt fait de repeupler cette vaste solitude. Alors les rues s'animent, il semble qu'on coudoie ces vieux Romains vêtus de la toge, cette race de maîtres du monde que le souverain de l'Olympe annonçait à Enée dans les vers de Virgile :

> Romanos rerum dominos, gentemque togatam.

Les places publiques, les temples, les théâtres, résonnent encore des mille voix confuses de la foule, les chars se reprennent à creuser les dalles de la rue de Salluste, les fontaines retrouvent, après dix-huit siècles, leur fraîcheur et leur fécondité. Ici, sur le Forum, des groupes de soldats et de gladiateurs; là, les désœuvrés accompagnant de la voix et du geste le char des courtisanes célèbres; plus loin, les danses folles au son joyeux de la flûte, et, à côté, une marche funèbre, soutenue par la lugubre harmonie des longues trompettes de bronze [1].

1 Sir Edward Bulwer Lytton a réveillé tous ces personnages

Au milieu de ce monde, un homme se promène gravement tout seul. N'est-ce pas Cicéron, venu à Pompei pour composer le *De Officiis* et dérobant une heure à son travail?

Etes-vous amateur de spectacle à grand effet? Cette affiche pourra vous tenter :

« La troupe des gladiateurs de Numerius Popidius Rufus donnera une chasse, à Pompei, le quatrième jour des calendes de novembre et le douzième jour des calendes de mai. Il y aura des mâts et des voiles. Octavius, procurateur des jeux. Salut [1]. »

Mais ne vous fiez pas absolument à ces belles promesses, et, pour le cas où le vent renverserait les mâts et emporterait les voiles, mettez, comme Martial, un large chapeau.

Voulez-vous demeurer quelques mois à Pompei? Un honnête propriétaire vous promet un lo-

et ces souvenirs, dans un ouvrage très-connu : *Les derniers jours de Pompei.* — Les auteurs d'une absurde féerie *(Le Roi Carotte)*, représentée, en 1872, sur le théâtre de la *Gaieté*, à Paris, ont obtenu cependant un véritable succès de mise en scène, de décor et de costumes, en relevant de ses cendres et en repeuplant tout à coup le Forum de Pompei.

1 N. Popidii. Rvfi. Fam. Glad. iv. k. Nov. Pompeis. Venatione. Et. xii. Mai. Mata. Et. Vela. Erunt. O. Procurator. Felicitas

gement à des prix modérés. Non loin de son affiche, en voici une autre : c'est le maître d'école Valentinus qui se recommande, lui et ses élèves, à la bienveillance des édiles.

Un grand nombre des ruines de Pompei sont encore assez bien conservées pour donner une idée exacte de la distribution des maisons romaines. Voici, par exemple, la maison de Pansa dont l'entrée se trouve sur la rue des Thermes.

Nous passons d'abord par le *prothyrum* ou vestibule, qui conduit à l'intérieur de la maison. D'un côté était la loge du portier, *ostiarius,* de l'autre celle du molosse, son suppléant et quelquefois son auxiliaire contre les clients importuns. Souvent on se contentait d'un chien en peinture, sur le mur, ou en mosaïque, sur le seuil même du prothyrum, comme dans la maison du poëte tragique.

Du prothyrum, nous arrivons à l'*atrium,* salle carrée dont le plafond laissait au centre une vaste ouverture appelée *compluvium,* donnant du jour à la cour et livrant passage aux eaux pluviales qui étaient reçues dans un bassin situé au milieu de l'atrium et nommé *impluvium.* Autour de cette salle, qu'on retrouve dans toute habitation romaine, régnait un portique plus ou moins beau, suivant la qualité et la fortune du maître. L'atrium le plus riche était d'ordre corinthien, avec les colonnes d'un seul bloc en marbre blanc de Luna, le pavé en mosaïques variées et les murs enrichis de peintures bizarres. Les chambres à coucher étaient distribuées autour de l'atrium et seulement éclairées par leur porte.

Le *tablinum* faisait suite à l'atrium, dans l'axe de la porte d'entrée de la maison. Dans cette pièce on recevait les clients, en présence des images des ancêtres. Plus loin, se trouvait le *peristylium,* cour ouverte à l'air, entourée aussi d'un portique à colonnes, toujours semée de fleurs et de gazon fin et souvent ornée d'une fontaine ou piscine.

Autour du péristyle, il y avait encore plusieurs appartements, entre autres le *triclinium* ou salle à manger à trois lits. Ces lits étaient placés de manière à former trois côtés d'un carré; le quatrième côté restait vide pour le service, et la table se trouvait entre les trois lits. Les Romains avaient adopté la mode des Orientaux qui, pour manger, se tiennent à demi couchés, le corps appuyé sur le coude. Chaque lit était disposé pour trois personnes. On ne comptait donc jamais plus de neuf convives, et encore ce nombre était-il de mauvais ton dans les grandes maisons, comme le prouve ce proverbe latin : *Septem convivium, novem convicium.* Horace nous a dit dans ce vers, que nous laissons au lecteur le soin de traduire, l'inconvénient d'être trop serré à table :

Sed nimis arcta premunt olidæ convivia capræ 1.

Au fond du péristyle était l'*œcus,* salle élégante, ouvrant sur le jardin et où se tenaient les femmes. Puis, on rencontrait la bibliothèque où les ouvrages se conservaient enfermés chacun dans une cassette de bois parfumé. Cette pièce était ordinairement placée à l'orient, parce que, dit Vitruve, le vent qui vient de ce côté ne fait pas, ainsi que ceux du midi et du couchant, éclore les vers et les insectes ennemis des volumes.

Près de là venaient la pinacothèque ou galerie de tableaux, le *lararium,* sanctuaire des dieux domestiques, et enfin les bains, dans les maisons riches. Peu de maisons privées de Pompei possèdent des bains; ainsi celle de Pansa que nous venons de parcourir n'en avait pas.

Sous le règne des divins Césars, prendre un

1 *Ep.* I, 5. — Voir, sur les repas romains, *Rome au siècle d'Auguste*, par A. Dezobry, lett. XIII.

bain était une très-grande affaire. Il y avait d'abord une première salle appelée *apodyterium* où on se déshabillait. On passait ensuite dans le *frigidarium*. Là on prenait son bain dans une immense piscine où, durant l'hiver, l'eau arrivait chaude et parfumée. Le *tepidarium* était voisin de cette salle; on y entrait, au sortir de l'eau, dans une atmosphère douce, préférable à l'air extérieur qui souvent détruit par sa fraîcheur la bonne influence du bain. Enfin, le baigneur pénétrait dans le *sudatorium*, sorte d'étuve où, après avoir transpiré pendant quelques minutes, il se livrait languissamment, sur un lit de repos, aux mains habiles du masseur, de l'alipile et du parfumeur [1].

On trouve à Pompei un grand nombre de maisons riches à peu près aussi bien conservées que celle de Pansa. Les maisons du peuple, de l'*ignobile vulgus*, comme on disait en ce temps, se comptent par milliers et ne sont pas moins curieuses, car elles font entrer plus avant dans le détail de la civilisation et des mœurs romaines.

Les chambres des maisons vulgaires sont surtout remarquables par leur exiguïté. Nos villa-

1 V. *Rome au siècle d'Auguste*, lettre XII.

geois les plus malheureux refuseraient d'habiter pour rien la plupart de ces petites cases où le bourgeois de Pompei se trouvait sans doute à l'aise. On sacrifiait alors la vie privée à la vie du forum où l'on retrouve l'espace et la splendeur.

Telle est, dans son ensemble, cette cité débauchée de Pompei, engloutie sous les cendres, l'an 79 de notre ère, sous le règne de Titus. Certaines ruines prouvent qu'elle méritait de finir comme Sodome.

Les habitants purent s'enfuir, pour la plupart, bien qu'on ait trouvé un assez grand nombre de squelettes, exposés aujourd'hui, à Pompei même, dans une sorte de petit musée assez médiocre. Longtemps les victimes du désastre vinrent disputer aux cendres et à la lave des débris de leurs richesses. Puis on se lassa de ces recherches difficiles; les pluies donnèrent à cette terre une triste fécondité, les chapiteaux des colonnes, les frontons des temples, derniers témoins de la cité, furent nivelés à la longue, et, pendant dix siècles, les pâtres menèrent leurs troupeaux à travers les bruyères qui croissaient dans cette vaste plaine où quelques ondulations de terrain marquaient à peine les traces d'une antique civilisation.

En 1592, l'architecte Fontana, creusant un aqueduc, heurta les ruines de Pompei. Ce fut le signal des fouilles, permises d'abord à tout le monde, entreprises depuis pour le compte du gouvernement de Naples. Souvent abandonnées, conduites lentement jusqu'aux derniers événements politiques qui ont changé la face de la péninsule, ces fouilles sont aujourd'hui poursuivies avec une certaine activité, et l'on peut espérer qu'avant de nombreuses années, on aura complétement rendu à la lumière cette vieille ville romaine.

C'est au musée national, à Naples, qu'on transporte les objets trouvés à Pompei. Cependant beaucoup de fresques sont conservées dans la ville et garanties par de petits toits contre les atteintes du soleil et de l'humidité.

Les statues et les bas-reliefs en marbre recueillis à Pompei, à Herculanum ou à Stabies, et classés au musée national, sont au nombre de plus de quinze cents. On y remarque, entr'autres, les neuf statues de la famille Balbus, le Gladiateur blessé, Ganymède et l'aigle, Agrippine pleurant la mort de Germanicus, une statue de Caligula trouvée à Minturnes, une Junon richement drapée de la tunique et du peplus, un torse de Bacchus, attribué à Phidias et comparable au fameux torse qu'on voit au Belvédère du Vatican. Enfin, un nombre considérable de bustes et d'hermès portant souvent le nom du personnage qu'ils représentent.

Mais, parmi ces richesses de la statuaire grecque, accumulées au musée de Naples, on admire surtout trois chefs-d'œuvre célèbres. Le premier, découvert à Herculanum, est une statue d'homme, de grandeur naturelle, magnifiquement drapée, dans l'attitude de la force calme, la simplicité, la bonté et la fierté peintes, tout à la fois, sur les traits. On se représente ainsi le *Justum ac tenacem* du poëte. On avait donné à cette statue le nom d'Aristide le Juste, et c'est en effet sous ce nom qu'elle a été tant de fois reproduite en bronze. Cependant, on a trouvé plus tard un hermès, aujourd'hui au musée Pio-Clementino du Vatican, qui porte le nom d'Eschine et a une parfaite ressemblance avec la tête de l'Aristide de Naples. Les savants ont donc déclaré, presque à l'unanimité, que la grande statue du musée national était celle d'Eschine.

Les deux autres chefs-d'œuvre sont le groupe

du taureau Farnèse, le plus considérable des monuments de l'art, trouvé à Rome dans les thermes de Caracalla, et l'Hercule Farnèse, statue plus grande que nature, découverte au même endroit. L'auteur, qu'on dit être Glycon d'Athènes, s'est étudié à nous transmettre dans son œuvre l'idéal de la force musculaire et le type de l'homme. Cette statue est fort admirée des anatomistes, bien qu'elle ait subi beaucoup de réparations, exécutées d'ailleurs d'après les instructions de Michel-Ange.

Si nous passons ensuite à la galerie des bronzes, nous trouvons diverses pièces d'un rare mérite, la plupart arrachées aux ruines d'Herculanum et de Pompei. Les plus célèbres sont le Mercure au repos, le Faune ivre, une petite statue équestre d'Alexandre, une statue colossale d'Auguste, et enfin le fameux Faune dansant, gracieuse statuette trouvée à Pompei dans la maison qui a retenu son nom.

Il ne faudrait pas exagérer ce sentiment qui nous fait prodiguer notre admiration aux choses venant de loin ou portant sur elles la date des vieux âges; mais, lorsqu'on sort des salles du musée de Naples, on est forcé de reconnaître que les anciens étaient nos maîtres en statuaire. N'est-il pas vraiment prodigieux qu'on ait trouvé à Herculanum et à Pompei, villes de troisième ordre, tant de chefs-d'œuvre et si peu de choses médiocres?

Les siècles, il est vrai, ont vu depuis d'incomparables maîtres, et pourtant, chez eux-mêmes, combien d'imitations de l'antique, notamment dans les poses et les ajustements! Ainsi, jusqu'à notre époque, l'art n'a pas abandonné la tunique grecque et la toge romaine. N'avait-on pas vu, il y a quelques années, le Napoléon à la redingote grise et au petit chapeau descendre de sa colonne de la place Vendôme, à Paris, et y remonter en César revêtu de la toge? La Commune s'est chargée, depuis, de jeter le tout par terre.

Mais les anciens furent-ils nos maîtres en peinture? Il est permis d'en douter. Les innombrables fresques des villes enfouies, les arabesques des thermes de Titus où l'on assure que Raphaël a pris modèle pour les loges du Vatican, tous les curieux fragments conservés au musée, ont du trait et témoignent d'une science assez avancée du dessin, mais ne sont pas, à notre avis, des titres suffisants pour affirmer des anciens qu'ils furent aussi bons peintres que sculpteurs. Leurs peintures manquent généralement de couleur, ce qui n'est pas étonnant, d'abord parce qu'ils ne connaissaient pas toutes les couleurs employées aujourd'hui, ensuite à cause des détériorations du temps, mais elles manquent aussi de perspective, chose plus grave, et sont souvent remarquables par la raideur des poses et la niaiserie des physionomies.

La statuaire fut pour les anciens l'art de prédilection ; là se réfugia tout leur génie, dont les œuvres n'ont pas été dépassées. Chez eux, la peinture est un art accessoire où le plus habile entre les inhabiles passe naturellement pour un grand maître; ce qui explique comment Pline parle de tableaux vendus jusqu'à cent talents (540,000 fr.). Il est vrai, cependant, que les historiens, Pausanias en tête, nous font le plus pompeux éloge des peintures du Pœcile à Athènes et des tableaux d'Apelles, de Parrhasius, de Zeuxis, d'Aristide et d'autres, et qu'au dire d'un de ces écrivains, les oiseaux, trompés par le génie du peintre, venaient becqueter des raisins merveilleusement reproduits sur la toile.

Des critiques veulent qu'on juge par analogie et prétendent que la statuaire et l'architecture des anciens prouvent surabondamment leur excellence dans tous les arts. Cet argument ne nous paraît pas concluant. Lorsque tant de chefs-d'œuvre de statuaire et d'architecture sont restés, comment n'en est-il pas demeuré de la peinture antique quelques-uns accusant d'une manière évidente, nous ne dirons pas la perfection du coloris que le temps doit affaiblir, mais ce génie d'agencement des groupes de personnages dont se glorifie l'époque de Michel-Ange, de Raphaël et de Titien?

Toutefois, trois monuments importants de la peinture des anciens existent encore.

Le premier se nomme les *Noces Aldobrandines,* parce que le sujet représente une noce et appartint jadis à la famille Aldobrandini. Cette fresque fut découverte à Rome, en 1606, sur le mont Esquilin. Elle est aujourd'hui dans un cabinet de la bibliothèque du Vatican. Suivant nous, c'est la plus remarquable des peintures que nous ait laissées l'antiquité. Le trait est fort habile, les groupes sont bien composés, les poses gracieuses, la perspective est observée avec soin, et le fond clair sur lequel se détachent les personnages est heureusement trouvé. Cette fresque était admirée du Poussin qui en fit la belle copie qu'on voit à Rome dans la galerie du palais Doria. Mais, avant et après le Poussin, les *Noces Aldobrandines* ont été tellement retouchées qu'on ne peut vraiment se former un jugement certain sur la peinture ancienne d'après cette composition.

Viennent ensuite deux dessins monochromes découverts à Pompei et transportés au musée de Naples. L'un représente Thésée tuant le Centaure, l'autre un groupe de femmes jouant aux osselets. Le trait est savant et d'une grande pureté. Les amateurs font généralement beaucoup de cas de ces deux dessins; mais, encore une fois, ce ne sont que des dessins. Ils prouvent l'habileté d'un artiste, sans nous apprendre si cet artiste savait peindre, et, à plus forte raison, si l'antiquité excellait dans la peinture.

Le troisième monument, le plus célèbre de tous, est la fameuse mosaïque trouvée en 1871. Elle formait le pavé du *triclinium* de la maison du Faune, à Pompei. Cette mosaïque se voit aujourd'hui au musée de Naples, dans la salle de Flore. On veut qu'elle soit la copie d'un tableau de Philoxène, mais rien n'est moins prouvé que cette assertion. De ce qu'on a reproduit en mosaïque les chefs-d'œuvre de Raphaël et du

Dominiquin, s'ensuit-il que les anciens avaient coutume de copier de même les tableaux de Philoxène ou de Parrhasius? La raideur des poses ne prouverait pas, du reste, en faveur du peintre et de la peinture antiques.

La grande mosaïque, qui mesure 5 mètres de longueur sur 2 mètres 50 centimètres de hauteur, a donné lieu à une foule de conjectures. A n'en pas douter, elle représente une bataille d'Alexandre contre les Perses ; mais quelle est cette bataille? Celle du Granique, répond l'un ; la bataille d'Arbelles, dit l'autre, car on voit à Rome, dans la collection Chigi, un bas-relief de la bataille d'Arbelles offrant beaucoup d'analogie avec la mosaïque de Pompei. L'opinion la plus accréditée est qu'elle représente la bataille d'Issus. En effet, lorsqu'on étudie la mosaïque à l'aide du récit de Quinte-Curce, on ne peut s'empêcher de penser que l'historien et le peintre ont dû puiser aux mêmes traditions. Ce point, aujourd'hui à peu près fixé, causa, en 1832, de très-graves disputes parmi les savants italiens, et la mosaïque mit la discorde dans les académies de Naples.

Une collection moins importante pour l'histoire de l'art, plus curieuse peut-être pour celle de la civilisation, est la collection dite des *Petits bronzes*. On a réuni sous ce titre environ quinze mille objets tirés des trois villes enfouies.

« Dans une maison, dit M. L. Viardot, on a trouvé toute l'argenterie d'une dame romaine, des cuillers assez semblables aux nôtres, sauf que le manche est moins courbé; des fourchettes à un seul bec, véritables poinçons; des plats, des assiettes, des coupes, des vases à boire, entre autres les deux admirables vases d'argent ciselés représentant, l'un un centaure, l'autre une centauresse, que l'on prendrait, à leur forme, pour des ouvrages de la Renaissance, et que l'incroyable finesse du travail ferait attribuer aux premiers artistes florentins, à Ghiberti, à Benvenuto Cellini. On voit, dans cette collection de bijoux, des pendants d'oreilles ressemblant à ceux de nos dames, mais dont le poids serait bien lourd, s'ils n'étaient la plupart en or soufflé. On y voit aussi de petits diadèmes, des anneaux, des bracelets de diverses formes, presque toutes élégantes et ingénieuses; quelques-uns, par exemple, imitent des serpents par le mouvement autant que par l'aspect. On a également trouvé, dans la boutique d'un marchand, toute une collection de couleurs antiques; dans une autre, une fabrique de savon; ailleurs, des morceaux de toile d'amiante assez grands pour donner une idée de cette singulière étoffe de pierre, qui, ne brûlant point, servait à envelopper les corps que l'on brûlait pour en recueillir les cendres; ailleurs des instruments de chirurgie et de pharmacie, des instruments de musique, parmi lesquels s'en trouvent quelques-uns dont l'usage est difficile à deviner; ailleurs encore des fers de prisonniers, faits pour les lier par les pieds à leurs chaînes, des ustensiles de boulangers et de marchands de *thermopoles* (liqueurs fortes), des débris de vêtements, un filet à pêcher, des dés pipés, du fard, des balances vérifiées et marquées par l'édile, des amphores avec leurs bouchons de liége, du pain, de la viande dans une casserole, des débris de pâtés, des œufs, des raisins secs, des olives, des caroubes, et tant de petites lampes en terre cuite, qu'on en porte le nombre à plus de trente mille[1]. »

Ces objets ont été, depuis, classés différemment, mais cette page nous a paru donner l'idée la plus complète de l'ensemble des deux

1 L. Viardot, les *Musées d'Italie*.

collections des *Petits bronzes* et des *Gemmes*. Nous mentionnerons cependant encore une espèce de fourneau économique pour faire griller la viande et chauffer l'eau en même temps, des moules pour la pâtisserie, figurant un lièvre, une poule, un cochon de lait; un grand nombre de gâteaux que nous ne pouvons comparer, pour la forme et pour la pâte, à autre chose qu'à des biscuits de Savoie; des poids en plomb, avec l'inscription d'un côté : *Eme*, de l'autre : *Habebis;* des chaises, des instruments aratoires de la maison de Diomède, des chars de triomphe, des billets de théâtre, en ivoire; des objets de toilette : miroirs de métal, peignes, vases à cosmétiques, boîtes à fard, fuseaux, aiguilles, ciseaux; des résilles parfaitement semblables à celles dont se servent les dames de nos jours pour soutenir leur chevelure.

Plusieurs bijoux, notamment des anneaux portant des monogrammes et des emblèmes religieux qui rappellent ceux des catacombes romaines, prouvent que la colonie chrétienne de Pouzzoles, dont parlent les *Actes des Apôtres*, n'était pas la seule qui existât sur ces rivages [1].

[1] Sir Bulwer Lytton, dans son livre *les Derniers jours de Pompei*, n'a donc pas fait une vaine supposition.

Les candélabres de bronze sont en grand nombre dans le musée. Dans leur forme primitive, c'étaient peut-être des roseaux ou des bâtons fixés sur un pied pour élever la lumière à une hauteur convenable. L'art s'empara bientôt de ces supports champêtres et les reproduisit en bronze; de là ces nombreux candélabres affectant la forme d'une tige bourgeonnante ou d'un bâton de rosier grossièrement dégarni de ses épines. Quelquefois, d'autres tiges fixées à la principale, comme les branches d'un arbre, soutiennent de petites lampes à deux becs. On voit également d'autres modèles; celui-ci, par exemple, est très-répandu : un oiseau de mer, les ailes déployées, tient dans son bec un serpent de bronze, et la lampe, au bout d'une chaîne, pend légèrement accrochée au serpent qui se débat convulsivement.

Ces sortes de lampes à deux becs, suspendues ou non, sont en usage actuellement encore dans les villages de l'Italie et même à Rome.

Pour compléter notre promenade, il faudrait parler de la collection des vases italo-grecs, la plus riche du monde, et des papyrus dont la plupart, déchiffrés à l'aide du procédé du Père Piaggi, nous ont révélé de curieux détails sur la philosophie épicurienne. Mais, encore une fois, nous n'écrivons pas un livre sur Pompei.

La collection Campana, achetée en partie par la France et classée au Louvre sous le nom de Musée Napoléon III, donne une vague idée des richesses accumulées au musée de Naples. On a d'ailleurs heureusement popularisé beaucoup des chefs-d'œuvre de la statuaire antique; une foule de petits dieux de Pompei, surtout les Faunes dansant, sont maintenant reproduits et doivent se trouver bien dépaysés dans les salons modernes et dans nos rues.

Les maisons de Pompei seront-elles pareillement bientôt à la mode? Lorsqu'on traverse l'avenue Montaigne, à Paris, on est fort étonné d'apercevoir un palais polychrôme du plus gracieux effet. Nous avons, dernièrement encore, visité cette maison échappée sans doute à la colère du Vésuve et transportée magiquement de Pompei en France. Il y a un mélange d'antique et de moderne qui choque au premier abord; mais, pour en faire un lieu habitable, l'architecte a dû, sur quelques points, s'éloigner du type classique et céder aux exigences de notre époque et de notre ciel brumeux.

X

CAPRI

De Pompei à Castellamare il y a environ deux lieues. Castellamare est une charmante ville baignée par les flots.

Ici, la route commence à monter et suit bientôt la crête des falaises, 300 pieds au-dessus de la Méditerranée. Tantôt nous glissions entre les rochers, tantôt sous des ombrages d'une végétation ropicale. Des Sorrentines au teint bronzé passaient près de la voiture et nous offraient des fleurs.

Le golfe de Naples, dans toute son étendue, était à nos pieds. La ville, avec ses maisons blanches et ses palais, brillait au loin comme une étoile au milieu de ses lumineux satellites. Les quatre îles reposaient doucement sur l'azur de la mer; quelques vaisseaux à la voile animaient cet immense panorama. En ce moment, toutes les descriptions que nous avions lues de ces rivages enchantés nous revinrent à l'esprit comme de pâles reflets de la réalité. Et à la vue de cette œuvre de Dieu, nous répétâmes les mots de la reine de Saba parcourant les merveilles de Jérusalem : *Major est opera tua quam rumor quem audivi,* votre œuvre dépasse encore en beauté et en grandeur tout ce qu'on nous avait dit!

Plus loin, la route s'éloigne un peu de la mer et laisse à droite, au bas des falaises, dans les profondeurs et les anfractuosités des rochers, les maisons semées çà et là du hameau de Meta; puis on arrive à Sorrente.

Un escalier creusé dans le roc mène à l'une des marines de la cité des Sirènes.

Nous appelâmes des pêcheurs occupés à laver leurs filets. Quatre d'entre eux déclarèrent qu'ils pouvâient, en deux heures et demie, nous conduire à Capri.

Quelques instants suffirent à appareiller une barque grossière, mais assez grande et solidement établie, où nous prîmes place sur un paquet de voiles, et bientôt nous fendions la vague large et presque immobile, à un mille des falaises sur lesquelles Sorrente est perchée.

Nos *marinari* étaient en bonne humeur et ne tardèrent pas à entamer la conversation. Elle roula sur la question fort intéressante des taxes qui grèvent les pêcheurs et ont centuplé depuis l'arrivée du nouveau gouvernement. Les révolutions produisent partout des effets identiques, et, pour changer, c'est toujours la même chose.

Le patron de l'équipage portait le vêtement classique du pêcheur napolitain : culotte courte, guêtres, veste ouverte, bonnet de laine. Les trois autres étaient à peu près habillés de même; la couleur seule variait suivant l'antiquité de l'étoffe. Ces hommes ramaient vigoureusement et avec ensemble, s'excitant par cette phrase, déclaration de guerre à notre adresse : *Coraggio, coraggio, questi signori daranno il maccaroni con formaggio!* Courage, courage, ces messieurs nous donneront du macaroni au fromage!

En moins d'une heure, nous eûmes doublé le cap de Massa et la pointe de Marciano. L'île de Capri, que nous avions vue jusqu'alors semblable à un énorme bloc de rochers sans la moindre trace de végétation, perdit ses formes sévères et abruptes. De minute en minute, son aspect changeait à vue d'œil : elle nous apparut tour à tour svelte, élégante, verdoyante même, et bientôt on distingua les blanches maisons de la Marina. Christophe Colomb dut éprouver de ces surprises et de ces joies lorsqu'il approcha des rives du Nouveau-Monde.

En face de nous, étendue sur la plaine liquide, l'île silencieuse; derrière nous, la belle Naples, le pied dans l'eau; à droite, bien loin, les falaises de Vico et de Sorrente; à gauche, plus loin encore, les autres îles du golfe baignées de soleil et d'azur. Tout autour, l'immensité et la lumière. Sur la mer, à l'horizon, quelques barques lointaines, puis la longue traînée de fumée des vapeurs fuyant vers la France et les mille voiles étagées d'un navire grec dormant à l'ancre au beau milieu du golfe.

En arrivant à Capri, nous fûmes accueillis par un air de guitare que nous fit subir le propriétaire d'un hôtel de l'endroit, vieux bonhomme ressemblant au Sénèque du musée de Naples. Descendant des sirènes qui habitaient dans ces parages, il espérait nous attirer dans ses filets, nous voulons dire dans son hôtel. Peine perdue, nous prîmes sans tarder un guide pour visiter l'île.

Ce guide était un petit vieillard trapu, bien membré, orné d'un bonnet de laine dont la pointe, d'une longueur incommensurable, retombait jusqu'au milieu du dos. Chemin faisant, il nous parla beaucoup du roi Murat, qu'ils appellent tous *Giacchino,* et du siége de l'île par les Français et les Anglais en 1808. Le général Lamarque parvint à escalader ces rochers du côté du mont Solaro. Dès lors, Capri fut tout à la fois au pouvoir des Français de Murat et des Anglais commandés par ce même Hudson Lowe qui fut plus tard, à Sainte-Hélène, le geôlier de Napoléon. Notre vieux guide, interrogé s'il avait eu alors à se plaindre des uns ou des autres, déclara qu'il détestait les Anglais. — Quand ils étaient à Capri, dit-il, ils répétaient toujours goddem! goddem! et puis (ici se place le geste connu du boxeur) *nel petto!*

Nous traversâmes d'abord la ville de Capri Un prêtre nous montra l'église et son trésor, c'est-à-dire quelques statues d'argent grossièrement travaillées, objet de l'admiration et de la vénération des insulaires. La statue de San Costanzo, patron de l'île, est couverte de pierres plus ou moins précieuses arrachées aux ruines du palais de Tibère.

De là, par une foule de petits chemins bordés d'aloès et de cactus, nous arrivâmes sur le flanc de l'île qui regarde la Sicile. En s'accrochant aux pierres, on descend un peu pour contempler l'*Arco naturale,* immense roche percée dont le pied plonge dans la mer. Avec un peu d'imagination vous croiriez voir un arceau de Notre-Dame de Paris égaré au milieu de la Méditerranée.

Des palais de Tibère, il ne reste que deux voûtes grandioses en briques, quelques pans de murs et un petit couloir pavé en mosaïques noires et blanches, dans le style pompéïen. A côté des ruines, on a bâti un oratoire où demeure un ermite chargé d'enregistrer les noms et les impressions des voyageurs.

Ce lieu sauvage convenait bien à un tyran cruel et soupçonneux.

Capri était propriété particulière de l'empereur depuis qu'Auguste l'avait achetée à la cité de Naples. Fatigué des soucis du gouvernement, Tibère, après la mort de Germanicus, abandonnant aux mains de Séjan les rênes de l'Etat, quitta Rome, s'entoura de soldats, défendit par décret qu'on troublât son repos et vint se cacher à Capri. « Je présume, dit Tacite, que cette solitude lui plut surtout parce qu'on n'y voyait aucun port, que les petits navires eux-mêmes y trouvent difficilement un refuge et qu'on ne peut d'ailleurs aborder sans être vu par les gardes. La température y est douce en hiver, à cause de la montagne qui empêche les vents froids d'arriver; les étés sont délicieux du côté du couchant et grâce à la fraîcheur de la pleine mer... Tibère y avait fait élever douze villas qui envahissaient toute l'île de leurs constructions et de leurs noms. C'est là que le prince cacha ses débauches et s'abandonna à une criminelle oisiveté, avec autant de passion qu'il en avait mis autrefois à s'occuper des affaires publiques [1]. »

Ces derniers mots laissent percer un regret. Tout ce que Tacite et Suétone nous disent des commencements du règne de Tibère exciterait, en effet, une certaine admiration pour le prince, s'ils ne nous révélaient, en même temps, la perfidie et l'hypocrisie qui se dissimulaient à peine derrière l'habileté politique et la grandeur d'âme dont il faisait étalage.

Les cendres d'Auguste étaient à peine refroi-

1 Ann. IV, 67. — Voir, sur Tibère : *De Tiberio imperatore*, thèse de V. Duruy (1853); *Les Césars*, par le comte de Champagny (1868); *Tibère et l'héritage d'Auguste*, par M. Beulé, de l'Institut (1868).

dies que toutes les prières s'adressent à Tibère. Celui-ci, dit Tacite, répond par des discours vagues sur la grandeur de l'empire et sa propre insuffisance. Le génie d'Auguste pouvait seul embrasser toutes les parties d'un aussi vaste corps; dans un empire qui comptait tant d'illustres appuis, il ne fallait pas que tout reposât sur une seule tête; la tâche de gouverner l'Etat serait plus facile si plusieurs y travaillaient de concert.

Tels étaient les propos tenus par le nouvel empereur, sans doute pour combattre indirectement la popularité de Germanicus, maître de tant de légions et qui aurait pu, dit le grand historien dans son énergique langage, vouloir « posséder l'empire plutôt que de l'attendre. »

Suétone est d'accord avec Tacite. Tibère n'avait pas hésité, dit-il, à s'emparer du gouvernement, mais, avec une impudence sans pareille, il feignait d'avoir accepté comme malgré lui. « Vous ne savez pas quel monstre c'est que l'empire, » répétait-il chaque jour, laissant à dessein toutes les affaires en suspens, se faisant supplier par le sénat, et offrant de ne prendre du gouvernement que la part qu'il consentirait à lui laisser.

Il ne voulut pas qu'on jurât par ses actes

et que le mois de septembre prît le nom de Tibère. Il se montra ennemi de la flatterie, au point de refuser que des sénateurs, selon la coutume, accompagnassent sa litière pour lui rendre compte des affaires publiques. Si l'on parlait de lui d'une manière trop flatteuse, il interrompait l'orateur. Un citoyen ayant dit que les occupations de l'empereur étaient « sacrées, » Tibère l'obligea de substituer à cette expression celle de « laborieuses. » Suivant Tacite, il refusa le nom de « père de la patrie » dont le peuple s'obstinait à le saluer. Mais ceci ne l'empêcha pas, du reste, de faire revivre la loi de majesté qui atteignait les actions, les paroles et, on peut le dire, jusqu'aux pensées.

En politique, Tibère parut se rapprocher, au début de son règne, des principes d'un roi constitutionnel, comme on dirait en ce siècle. Insensible aux bruits injurieux et aux libelles, il disait souvent que, dans une ville libre, la langue et l'esprit devaient être libres, *in civitate libera linguam mentemque liberas esse debere* [1]. Voilà pour la liberté de la presse.

[1] Suét., *Tib.*, 28.

Ses pensées sur la souveraineté du peuple et le respect dû à la représentation nationale ne ressemblaient pas moins à celles qui ont donné naissance à l'Etat moderne. — « Je l'ai dit souvent et je le dis encore, Pères conscrits, répétait-il au sénat, il faut qu'un bon prince qui veut le bonheur général et que vous avez investi d'un pouvoir aussi grand, aussi peu limité, soit soumis au sénat, à l'universalité des citoyens, et souvent, la plupart du temps même, à chacun en particulier. Je l'ai dit et ne m'en repens pas, puisque j'ai trouvé et trouve encore en vous des maîtres pleins d'équité et de bienveillance [1]. »

Tibère avait aussi l'intuition de la minorité parlementaire. Un jour que le sénat se partageait, par hasard, dit Suétone, l'empereur se rangea à l'opinion du plus petit nombre, et, chose étonnante, personne ne le suivit [2].

Le prince affectait de n'agir qu'après avoir consulté le sénat. Il lui rendait compte de toutes les affaires, petites ou grandes, publiques ou particulières. « Il voulait avoir son

[1] Suét., *Tiber.*, 29. — [2] *Ibid.*, 31.

avis sur les impôts, les monopoles, sur les édifices à construire ou à réparer, sur les levées de troupes et le congé des soldats, l'état des légions et des corps auxiliaires, les commandements à donner, la conduite des guerres, les réponses qu'il convenait de faire aux rois et la formule qu'il fallait y observer [1]. »

Il laissait volontiers se répandre ce que nous appellerions les idées de décentralisation administrative. Ainsi, des députés de l'Afrique ne craignirent pas de se plaindre, en plein sénat, de ce que César, à qui on les avait adressés, faisait traîner leur affaire en longueur [2].

Par exemple, Tibère ignorait l'économie sociale et les principes de la liberté du travail et du commerce. Ainsi, de sa propre autorité, il abaissa le traitement des acteurs et des gladiateurs; un jour il entra en grande colère parce que les vases de Corinthe devenaient hors de prix et que trois surmulets avait été vendus beaucoup trop cher. Il régla le luxe des meubles et chargea le sénat de fixer tous les ans le prix des denrées. Par ses ordres, on ferma les cabarets et même les boutiques de

[1] Suét., *Tiber.*, 30. — [2] *Ibid.*, 31.

pâtisserie. Pour donner l'exemple de l'économie, l'empereur faisait servir chez lui, dans les repas les plus solennels, les restes de la veille, disant que la moitié d'un sanglier était aussi bonne qu'un sanglier tout entier [1].

Les tribunaux étaient surveillés de près. Tibère y apparaissait tout à coup et se mettait dans un coin pour ne pas déplacer le préteur de la chaise curule. Sa présence fit échouer, dans plus d'une affaire, les brigues et les sollicitations des grands.

En un mot, Tibère semblait animé des meilleures intentions. Le sénat discutait librement; dans la distribution des honneurs et des places, on avait égard à la noblesse des aïeux, à la gloire militaire, à l'éclat du talent; les lois étaient partout sagement appliquées [2]. Il est donc vrai de dire que ce prince, tel que nous venons de le dépeindre, n'était point dépourvu d'un certain flair démocratique et ne serait pas trop dépaysé s'il lui prenait fantaisie de se montrer à la société moderne. Même on citerait des nations, à la recherche d'un roi, dont il ferait fort bien l'affaire.

1 Suét., *Tib.*, 34. — 2 Tacite, *Ann.*, IV, 6.

Mais voici le mauvais côté. De nos jours, on a justement appelé « libérâtres » ces hommes qui revendiquent toutes les libertés pour eux-mêmes et les refusent aux autres ; qui demandent la liberté religieuse et la séparation de l'Eglise et de l'Etat, sous le prétexte que les consciences sont opprimées et que l'Etat est sous le joug de l'Eglise, et se hâtent, dès qu'ils ont escaladé le pouvoir, de mettre l'Eglise sous les pieds de l'Etat ; qui veulent la liberté d'enseignement et retirent au clergé le droit d'enseigner. Nous les voyons à l'œuvre en Allemagne, en Italie, en Suisse ; demain peut-être nous subirons nous-mêmes le joug de ces éternels ennemis de toute liberté et de tout progrès. Tibère était, au fond, de cette école libérâtre, et en cela il appartient encore au dix-neuvième siècle. Partisan de la religion d'Etat, il interdit les cérémonies étrangères, les rites juifs et égyptiens et obligea ceux qui les observaient à en détruire les insignes et les instruments. Enfin, dit Suétone, il distribua la jeunesse juive dans des provinces où l'air était malsain, *in provincias gravioris cœli,* et exila de Rome le reste de cette nation [1].

[1] Suét., *Tib.*, 36.

Sa dépravation devait, d'ailleurs, le dégoûter promptement des soucis du pouvoir. Deux ans après son avènement à l'empire, Tibère est las des affaires publiques et ses sujets sont las de lui. Il parcourt la Campanie, préside à la dédicace du Capitole, à Capoue, et du temple d'Auguste, à Nole, et se retire soudain dans l'île de Capri.

Enfermé dans cette retraite « que la hauteur effrayante des rochers et l'abîme des mers rendaient inaccessible [1], » l'héritier d'Auguste abandonne le gouvernement au point de laisser l'Espagne et la Syrie pendant plusieurs années sans proconsuls, l'Arménie en proie aux Parthes, la Mésie aux Daces et aux Sarmates, les Gaules aux Germains. Surtout il se livre aux plus honteuses débauches et aux plus cruelles folies [2].

Dès sa jeunesse, il était connu dans l'armée par sa passion pour le vin et les soldats l'appelaient *Biberius* au lieu de *Tiberius*. Devenu empereur, il passa deux jours et deux nuits à boire avec Pomponius Flaccus et Lucius Pison, à l'époque même où il travaillait à la réforme des mœurs. Plusieurs candidats se présentant

[1] Suét., *Tit.*, 40. — [2] *Ibid.*, 41.

pour la questure, il nomma le plus inconnu parce qu'il avait vidé dans un seul repas une cruche de vin. Il donna quatre cent mille sesterces à Asellius Sabinus pour le récompenser d'avoir fait un dialogue où le champignon, le bec-figue, l'huître et la grive se disputaient ensemble [1].

Quant à ses débauches, elles sont telles qu'il est impossible de les raconter. Parlons seulement de ses cruautés.

D'abord, un pareil être ne pouvait avoir le cœur d'un père. Comme des députés de Troie lui exprimaient, quelques mois après la mort de son fils Drusus, la douleur que cet évènement leur avait causée, Tibère, qui avait oublié son chagrin, se prit à rire et leur dit plaisamment le regret qu'il éprouvait de la mort d'Hector, l'un de leurs meilleurs citoyens!

Dans une promenade qu'il faisait à Capri, raconte Suétone, un pêcheur l'aborda tout-à-coup, dans un moment où il voulait être seul et mit à ses pieds un superbe surmulet. Tibère, effrayé de l'apparition subite de cet homme, lui fit frotter le visage avec son poisson. — Il est heureux, murmura le pêcheur, qu'il n'ait pas vu

1 Suét., *Tib.*, 42.

la langouste que je viens de prendre! — Aussitôt le prince lui fit déchirer la face avec la langouste [1].

« Il ne se passa pas un seul jour, sans en excepter les jours sacrés et le premier jour de l'année, ajoute l'historien, qui ne fût marqué par des supplices. Il enveloppait dans la même condamnation les femmes et les enfants des accusés; il était défendu à leurs proches de les pleurer. Les accusateurs et les faux témoins recevaient des récompenses. Tout délateur était accueilli, tout crime était capital, même lorsqu'il s'agissait de simples paroles. Un poëte fut jugé coupable pour avoir fait dire des injures à Agamemnon dans une tragédie, et un historien pour s'être permis d'appeler Brutus et Cassius les derniers des Romains. L'un et l'autre furent punis et leurs écrits supprimés quoiqu'ils eussent été composés plusieurs années auparavant et récités devant Auguste... On forçait de vivre ceux qui voulaient mourir, car Tibère regardait la mort comme un supplice trop doux; ainsi, ayant appris qu'un accusé, nommé Carnulius, s'était donné la mort, il s'écria : Car-

1 Suét., *Tib.*, 60.

nulius m'est échappé! Un autre jour qu'il visitait ses prisonniers, l'un d'eux le conjura de hâter le moment de son supplice : Nous ne sommes pas encore assez bons amis, lui répondit le prince [1]. »

Inventer des supplices et les faire subir devint bientôt sa seule occupation. Un Rhodien, son hôte, étant venu le voir sur son invitation, il le fit saisir à son arrivée comme s'il eût été complice d'un complot qu'on venait de découvrir.

« On montre encore à Capri, dit Suétone, le lieu de ses exécutions. C'était un rocher d'où l'on précipitait dans la mer ses victimes, en sa présence, après qu'il leur avait fait souffrir les tourments les plus longs et les plus recherchés, *post longa et exquisita tormenta* [2]. »

Ce rocher était celui que nous avions en ce moment sous les yeux, à peu de distance des ruines du palais. En souvenir de ces horribles fêtes, on le nomme *il salto di Tiberio*. Le saut de Tibère a mille cent trente-cinq pieds d'élévation, et une pierre de moyenne grosseur

1 Suét., *Tib.*, 16. — 2 *Ibid.*, 62.

qu'on fait tomber, sans projection, met vingt-sept secondes à le franchir.

Du haut de ce rocher qui plonge à pic dans la mer, la vue s'étend à l'infini sur les deux golfes de Naples et de Salerne. On se croirait transporté en quelque endroit des enfers de Dante, et nous ne sachions pas qu'il existe au monde un site à la fois plus sévère et plus merveilleux.

Après Tibère, la femme et la sœur de Commode habitèrent l'île de Capri. Elle devint, au moyen-âge, la proie des Sarrasins et Frédéric Barberousse en fit plus tard un de ses repaires.

L'île est formée de deux blocs énormes dont le principal est le Solaro. Le versant occidental contient un peu de terre végétale très-fertile; le versant oriental est absolument inculte et abrupte. Il y a aujourd'hui deux villes, Capri et Anacapri; cette dernière, perchée sur le Solaro, n'a d'autre moyen de communication avec le monde qu'un escalier de cinq cent cinquante marches taillées à vif dans le roc.

Les habitants de l'île, au nombre de cinq mille environ, vivent pour la plupart du produit de leur pêche et de leur chasse; deux fois par an, au printemps et à l'automne, des milliers de cailles viennent d'Afrique s'abattre sur ces côtes escarpées. Dans ces deux passages, on prend de cinquante à cent cinquante mille cailles à Capri.

Mais redescendons à la Marina. Notre barque était amarrée à la rive et les hommes de l'équipage dégustaient à cette heure le macaroni au fromage, dont nous avions fait les frais. Il faut les laisser en paix, leur barque étant d'ailleurs beaucoup trop grande pour l'excursion que nous allons entreprendre.

Des pêcheurs de Capri mirent à flots une véritable coquille de noix où nous sautâmes en disant : A la grotte d'azur !

Le chaos s'est plu à faire de cette île une sorte de monument d'architecture. Sur ses flancs découpés, on trouverait, en cherchant bien, des colonnes et des pilastres, des voûtes, des contre-forts et des arcs-boutants, enfin toutes les variétés de fleurons, de rosaces, de feuilles et de fruits qui appartiennent au style ogival. Aussi, lorsque notre coquille passait au pied de ces rochers gigantesques, nous demandions-nous si nous n'étions pas quelque atôme voltigeant éperdu autour d'une cathédrale. Il fallait l'habitude qu'en ont les *marinari* de Capri, pour glisser entre les petites roches à fleur d'eau qui semblent s'être détachées de la masse, afin de rendre l'abordage encore plus impraticable.

En moins de trois quarts d'heure, nous étions arrivés au but. Les hommes nous montrèrent, sur la paroi de l'île, un trou formant demi-cercle, d'un mètre et demi de diamètre environ. Ils nous firent signe de nous coucher au fond de la barque, et bientôt nous nous vîmes glisser à travers cette ouverture et pénétrer dans un antre immense qu'il ne sera donné à aucun poëte de décrire. C'est la grotte d'azur. La lumière, arrivant par le trou qui donne sur la pleine mer, plonge jusqu'au fond de l'eau et la rend à ce point transparente, que nous pouvions nous croire suspendus dans le vide du ciel bleu, par une belle matinée d'été. Les mille habitants du monde des mers apparaissaient à cent pieds au-dessous de nous, nageant au milieu de leurs forêts d'algues et de leurs roches étincelantes. La clarté répandue dans l'eau, se réflétant au dehors, colorait d'un bleu tendre et mobile les moindres anfractuosités de la voûte. Tous les savants et les touristes ont visité cette grotte unique dans le monde et digne des contes de fées.

Elle fut découverte, dit-on, il y a un siècle, mais Virgile, nous le croyons, la connaissait. En effet, on se rappelle involontairement ici la description que donne le poëte du palais de Cyrène, habitante des eaux, entourée d'une cour de nymphes immobiles sur leurs siéges de cristal. Le berger Aristée, fils de Cyrène, admire la demeure de sa mère et ses humides royaumes et ces lacs renfermés dans des grottes,

> Jamque domum mirans genitricis, et humida regna,
> Speluncisque lacus clausos.

Nous avons vu que Virgile aimait à décrire les lieux qu'il avait sous les yeux; est-il interdit de supposer que la grotte d'azur lui aurait servi de type dans cet épisode des *Georgiques* [1] ?

De retour à la Marina, il était trop tard pour reprendre la mer et cingler vers Amalfi. L'homme à la guitare le savait bien; derechef il se tenait là, armé de son instrument. Il fallut céder et le suivre à l'hôtel, où nous entrâmes musique en tête.

Le soir, accoudés sur la balustrade de la ter-

1 *Géorg.*, IV, 320 et suiv.

rasse, nous plongions nos regards dans la mer, où des myriades d'étoiles, qui semblaient tombées du ciel, se livraient à une danse effrénée.

A nos pieds se jouaient les barques tardives rentrant au port; chaque coup de rame était un éclair et faisait jaillir des gouttes translucides, chaque barque laissait après elle cette traînée phosphorescente produite par les monades, les volvoces, les paramécies et autres animaux infusoires et noctiluques que les chaudes nuits de ces contrées attirent à la surface de l'eau. Les lumières de Naples, de Portici et de Castellamare nous envoyaient, de vague en vague, leurs longs rayons parallèles : on eût dit des esprits infernaux braquant sur nous leurs yeux rouges de feu. Rien ne manquait à ce spectacle grandiose, pas même la vapeur lumineuse qui domine presque en tout temps le cratère béant du Vésuve.

XI

AMALFI.

LA CAVA.

Le lendemain, de grand matin, l'équipage était sous les armes, le vent enflait nos voiles et une douce fraîcheur faisait présager une heureuse traversée.

En partant, nous invitâmes nos pêcheurs à chanter quelque barcarole, de cette belle voix dont parlent les poëtes. Ils n'attendaient que le signal, car durant le trajet tout le répertoire des *Canzone* de Naples et de Sorrente fut exécuté de la meilleure grâce du monde. Il y a dans ces refrains populaires une incontestable harmonie, mais l'instrument est rauque et la mesure chevrotante.

En deux heures, on arrive à Scaricatajo. Ce lieu est certainement l'un des plus solitaires du globe. Quatre ou cinq masures semées au milieu des rochers composent ce petit port, s'il est permis de lui donner un pareil nom.

On habiterait cinquante ans sur ce rivage sans rencontrer âme qui vive, si ce n'est quelques rares voyageurs attirés comme nous par l'inconnu.

Pendant que nos hommes s'arrêtent pour prendre un peu de repos, nous gravissons la colline par un chemin rocailleux et des plus rapides.

Le soleil tropical qui inonde cette terre donne naissance à une merveilleuse végétation. Les orangers et les citronniers sont des arbres vulgaires ; à leurs troncs les vignes s'enlacent et se relient par de légères et gracieuses guirlandes. A leurs pieds, les cactus et les aloès croissent à l'envi, les uns étalant leurs larges et épaisses feuilles, les autres menaçant le ciel de leurs grandes lames pointues. Partout, sur ce riche plateau, une admirable fécondité. Ça et là, au milieu de cette riche nature d'une verdure perpétuelle, on aperçoit de modestes maisons lavées à la chaux, peu élevées, ornées de terrasses et d'escaliers champêtres aux rampes desquels se jouent les tiges grimpantes de la vigne folle; plus loin, au sein d'une atmosphère parfumée, de blanches villas reposent doucement comme les belles d'Asie dans les langueurs du sérail.

Nous nous arrêtâmes à la maison d'un pêcheur qui nous offrit un petit vin du pays, assez épais; puis, il fallut s'arracher au ravissant spectacle des deux golfes de Naples et de Salerne que l'œil embrassait d'un seul regard, et regagner notre équipage.

L'embarquement eut lieu en présence de la population de Scaricatajo, c'est-à-dire de dix ou douze marinari qui tous nous demandèrent la *buona mano*, prétendant qu'ils avaient apporté chacun leur pierre pour lester la barque.

En moins d'une demi-heure, nous étions près d'un rocher isolé qui porte le nom de *lo Germano;* puis, nous nous éloignâmes de plus en plus de la côte, pour doubler le cap Sottile.

Bientôt on est en vue de Positano, petite ville, délicieusement assise au milieu de montagnes verdoyantes, à côté d'abruptes falaises. La cloche d'un couvent de Positano se fit entendre et nous vîmes avec plaisir nos hommes murmurer dévotement une prière.

La mer était limpide et calme, mais le mouvement cadencé de cette petite barque avait un écho fatal jusqu'au fond de nos entrailles. Virgile, au sixième livre de l'*Enéide,* décrit la foule des âmes dont les corps n'ont pas encore reçu la sépulture et qui se pressent autour de la barque de Charon ; toutes supplient le terrible batelier, toutes sont saisies du violent désir de toucher la rive opposée,

.... ripæ ulterioris amore.

En ce moment, sous le joug de cette maladie brutale, trop connue de ceux qui prennent la mer, nous ressemblions aux âmes malheureuses dont parle le poëte, tendant nos mains suppliantes vers la terre, dévorés d'une violente passion que nous définirons « l'amour de la rive, » en empruntant à Virgile son énergique image. Du cap Sottile à la pointe de Conca, s'il fit jour ou nuit, c'est ce que je ne saurais dire ; il y aura toujours en cet endroit une lacune dans mon existence.

Un mot, prononcé avec ensemble par nos hommes, nous fit sortir de la torpeur où nous étions plongés. « Amalfi ! » A ce mot, nous relevâmes la tête, comme l'amoureux transi qui vient d'entendre prononcer le nom de l'objet aimé et croit voir luire un peu d'espoir. Ce mot, semblable à un rayon de soleil, apaisa la tempête, et c'est avec la fierté de Christophe Colomb plantant le drapeau espagnol sur la terre du Nouveau-Monde que nous posâmes le pied sur la plage d'Amalfi.

Cette petite ville était, au moyen âge, la capitale d'une importante république. Suivant la tradition, elle aurait été fondée, au quatrième siècle, par de nobles familles romaines émigrées qui choisirent le plus pittorresque des sites du golfe de Salerne, après avoir tenté vainement de s'établir en Dalmatie.

A l'époque de l'invasion des Lombards dans l'Italie méridionale, Amalfi ne jouissait pas encore de la renommée qu'elle acquit plus tard. Elle en avait assez toutefois pour exciter les convoitises de Sicard, prince de Bénévent. Un prétexte lui servit à déclarer la guerre. Ce prince débauché s'imaginait racheter ses vices en accumulant dans sa capitale les reliques de tous les saints connus dans la contrée. C'est ainsi qu'il avait enlevé à Naples les reliques de saint Janvier et aux îles de Lipari le corps de saint Barthélemy. Il voulut s'emparer également des reliques de sainte Triphomène, patronne d'Amalfi.

En l'année 838, Sicard entre donc dans la ville par surprise, pille les églises, vole les restes des saints et enlève tous les habitants d'Amalfi qu'il conduit à Salerne où il les oblige à contracter des mariages avec ses sujets, espérant ainsi les incorporer aux Lombards. Mais peu de mois s'étaient écoulés que les Amalfitains, profitant d'un jour où les habitants de Salerne travaillaient dans les champs, dévalisent leurs vainqueurs, s'emparent des vaisseaux salernitains et retournent triomphants et riches à Amalfi. Alors ils fortifient la ville, fabriquent des armes et s'apprêtent à une résistance désespérée. Les Lombards effrayés les laissèrent en paix.

A dater de ce jour, Amalfi fut république indépendante, gouvernée par un magistrat nommé tous les ans par le peuple. En moins de vingt années, son commerce devint florissant, elle couvrit la mer de ses navires et répandit dans tout l'Orient sa monnaie, connue sous le nom de *tari*, encore en usage, dit-on, dans certaines parties du pays napolitain.

Les *Tables amalfitaines*, lois maritimes de cette république, servirent longtemps de commentaire au droit des gens et de fondement à la jurisprudence du commerce et des mers. Elles eurent autant de crédit qu'en avaient avant les lois rhodiennes et celles d'Oléron.

Le Normand Robert Guiscard fut nommé duc d'Amalfi par les habitants, et c'est à l'aide de la flotte de la république qu'il chassa définitivement les Lombards de Salerne et de l'Italie méridionale.

Vers cette même époque, des marchands amalfitains fondèrent, en Palestine, l'ordre militaire des Hospitaliers de Saint-Jean. Gérard, de Scala, bourgade dépendante d'Amalfi, fut le premier maître de cet ordre, qui rendit de grands services aux croisés et devint, plus tard, l'ordre des Chevaliers de Malte.

L'un des descendants de Robert Guiscard, Roger II, duc de Pouille et premier roi de Naples, voulut retirer aux habitants d'Amalfi les priviléges dont ils jouissaient. Les Amalfitains se révoltèrent, mais furent soumis par Roger.

Peu de temps après, c'est-à-dire en 1135, le duc de Pouille ayant excité contre lui la noblesse de ses Etats, les barons appelèrent à leur secours la flotte de Pise, qui ne se fit pas attendre. Les consuls Alzopardo et Cane accoururent dans le royaume de Naples et s'emparèrent de plusieurs villes, entre autres d'Amalfi. Les Pisans y trouvèrent le fameux manuscrit des Pandectes, aujourd'hui conservé à la bibliothèque Laurentienne, à Florence. La croyance populaire a longtemps voulu que toute trace du droit romain ait été perdue jusqu'à la découverte de ce précieux manuscrit, mais Savigny a démontré, par une foule de témoignages empruntés à toutes les époques antérieures, la fausseté de cette idée.

Les Pisans entouraient d'ailleurs le manuscrit d'un respect qui allait jusqu'au culte. Ainsi, les statuts de 1284 prennent pour sa conservation des précautions extraordinaires. Tous les trois mois, des *cancellarii* et *notarii* doivent s'assembler pour voir et feuilleter les Pandectes; ils peuvent s'adjoindre un des magistrats les plus haut placés de la cité, *unum ex judicibus potestatum et capitaneorum.*

Le manuscrit des Pandectes tomba, en même

temps que Pise, au pouvoir des Florentins, en 1406.

Quant à la république d'Amalfi, nous la voyons décroître rapidement, à dater du siége de la ville par les Pisans. En 1350, la municipalité conservait cependant encore quelques formes démocratiques, que les rois de Naples se hâtèrent d'effacer. Ce ne fut pas sans peine, car derrière les franchises locales s'était développée, contre le gouvernement absolu et sans contrôle, une haine que les Amalfitains se transmettaient de père en fils. De nos jours même, vous les entendriez parler avec fierté de ce pêcheur de vingt-cinq ans qui, en quelques heures, souleva cent cinquante mille Napolitains contre le duc d'Arcos, au cri de : « Point de gabelles, vive le roi d'Espagne et meure le mauvais gouvernement ! » et qui, roi pendant huit jours, fut odieusement trahi et massacré au moment où il allait reprendre ses filets et sa barque de pêcheur. Masaniello était d'Amalfi.

Brencmann [1] affirme qu'au commencement du XVIIIe siècle Amalfi ne comptait pas plus de mille habitants. Aujourd'hui, la ville a

[1] *De republica Amalphitana dissertatio.*

reconquis une certaine importance, à cause de son commerce de pâtes.

Le site est sauvage. A vrai dire, les maisons se trouvent échelonnées le long des parois de deux montagnes rocailleuses et presque à pic. En avançant dans la ville, on passe sous une sorte de tunnel d'où l'on a, si l'on se retourne alors vers la mer, une vue très-pittoresque : au premier plan, deux jolies maisons blanches; au second, deux immenses rochers s'élançant jusqu'aux nues et semblant vouloir servir de cadre à l'antique cité; au loin, le ciel bleu découpé par une vieille tour en ruines.

En haut de la grotte du couvent des Capucins, qui domine Amalfi, le regard s'étend sur tout le golfe de Salerne et plonge jusqu'aux plaines de Pœstum et aux montagnes de la Calabre.

On jouit du même panorama en suivant la route d'Amalfi à Salerne, route supérieure, par la diversité et la beauté des sites, à celle de la Corniche, qui conduit de Nice à Gênes et à la Spezzia. Sur ce chemin, on rencontre beaucoup de mendiants, surtout des enfants, drapés à l'antique dans les plus ignobles nippes. Ces petits mendiants accompagnent les voitures en courant et offrent des fleurs; dès l'enfance, on leur apprend à forcer la nature, à se composer une physionomie, à simuler les impressions, à paraître naïfs et charmants. Mais si vous refusez l'aumône, la grâce étudiée fait place instantanément à la colère, et vous les entendez grommeler entre leurs dents le terrible *accidente!* mot blasphématoire, en Italie, et qui veut dire : « Que tu meures par accident, subitement, sans confession ! »

Un paysan d'Amalfi était grimpé derrière notre voiture; comme il ne nous gênait pas, nous n'avions aucun motif de lui refuser la satisfaction d'aller à Vietri pour rien. Cette faveur ne lui suffisait pas, car en arrivant il nous demanda la *buona mano*, sans doute pour le service qu'il nous avait rendu en voyageant à nos frais.

De Vietri à la Cava, nous suivîmes à pied la voie du chemin de fer, ayant à droite de riches montagnes cultivées jusqu'à mi-côte ou couvertes d'oliviers, à gauche une vallée profonde semée d'arbres. Chaque côté de la route était absolument tapissée de pourpiers étalant au soleil leurs belles fleurs rouges.

La Cava est une curieuse petite ville, assise au milieu d'une féconde vallée. L'abbaye bénédictine de la Trinité de Cava, la plus célèbre de l'Italie après le Mont-Cassin, fait l'honneur et la gloire de cette modeste cité, bâtie sur les ruines de l'antique Marcina dont Strabon attribue la fondation aux Etrusques. Marcina ayant été détruite par Genseric, ses habitants trouvèrent un refuge dans des cavernes ou grottes (*cavæ*) qui donnèrent leur nom à toute la contrée.

Le monastère est à deux milles de la ville. C'est un entassement confus de murs et de bâtiments qui semblent faire partie du rocher. L'origine de l'abbaye remonte à l'an 1000, époque à laquelle Alfère, d'une noble famille de Salerne, ayant rencontré à Suse saint Odilon, fut frappé de ses remontrances, embrassa la vie religieuse à Cluny, et, de retour en Italie, se fixa dans une grotte déjà connue sous le nom de *Crypta arsicza*. Les vertus de saint Alfère lui attirèrent bientôt de nombreux disciples, et un nouveau monastère de saint Benoît ne tarda pas à s'élever et à grandir [1].

En ce moment même, les religieux de la Trinité de Cava, que leurs spoliateurs ont laissés,

1 Voir l'ouvrage déjà cité : *Les Monastères bénédictins d'Italie*, par A. Dantier, t. II.

comme au Cassin, à titre de simples gardiens du couvent, restaurent la grotte récemment découverte, qui servit de demeure à saint Alfère et préparent la publication des nombreux manuscrits contenus dans leurs archives. Ce travail mettra au jour plus de cent mille contrats, donations, chartes, bulles, diplômes ou lettres écrits sur parchemin. Le plus ancien document, daté de 840, est signé de Radelgise, prince de Bénévent; on remarque aussi deux lettres de Charlemagne et un opuscule d'Alcuin. Parmi les chartes, la plus vénérable est l'acte de donation faite à saint Alfère de l'église et du domaine de Cava par les princes Guaimar de Salerne, en 1025. Enfin deux manuscrits attirent particulièrement l'attention : le *Codex legum Longobardorum,* qui est âgé de huit cents ans et est un des trois seuls exemplaires connus de ces lois; puis une Bible du VIIIe siècle, en minuscules romains, avec cinq caractères différents. Dans cet admirable manuscrit, la première épître de saint Jean renferme le célèbre passage : *et hi tres unum sunt*, qui a fait l'objet de tant de controverses [1].

1 Epist. I, v. 8.

Nous voudrions pouvoir demeurer de longues heures dans « cette grande ville des gens de lettres, » comme l'appelle le cardinal Maury; mais ce serait sortir du cadre de cet ouvrage, et il faut revenir au golfe de Naples, à Sorrente, où nous n'avons fait que passer laissant de côté, momentanément, l'incomparable figure du Tasse.

XII

TORQUATO TASSO.

SANT'ONOFRIO.

L'antique cité des Sirènes, dont les rochers séducteurs sortent non loin du sein des flots, est, après Naples, le point le plus radieux du golfe. C'était bien là que devait naître un poëte.

Dès notre arrivée, nous courûmes à la recherche de la maison du Tasse. Hélas! ici encore, le temps a prononcé son arrêt terrible; on nous montra bien, près d'une villa, ce qu'on dit être le reste de la *casa* du chantre de Jérusalem, mais plusieurs autres habitants de Sorrente se disputent également l'honneur de posséder la véritable maison du Tasse. Quoi qu'il en soit, nous

nous arrêterons à son berceau pour étudier rapidement ce poétique génie de la fin de la Renaissance, comme nous nous arrêtions naguère au tombeau de Virgile pour étudier la figure du poëte de l'antiquité.

La vie du Tasse a toujours été racontée, plus ou moins, à la façon d'un poëme héroïque. Il plane, en effet, sur cette existence où une sorte de folie vient parfois voiler le génie, je ne sais quel mystère qui prête à la fable. Mais, on l'a dit bien souvent, on ne connaît vraiment les hommes que par leurs œuvres intimes, par ces lignes échappées du cœur et nullement destinées à la publicité. C'est en parcourant ses lettres qu'on peut s'expliquer la vie du poëte.

Le Tasse est né à Sorrente le 11 mars 1544. Son père, Bernardo Tasso, de Bergame, était très-connu en Italie par ses poëmes. Il destinait son fils à la jurisprudence; mais le démon de la poésie tourmentait l'illustre étudiant en droit de l'Université de Padoue. A dix-huit ans, l'imagination toute pleine de la lecture de l'Arioste, il aspire, lui aussi, à être lu de toute l'Italie et compose le *Rinaldo* qui, en peu de mois, voit huit éditions. L'année suivante, il commence la *Jérusalem délivrée*. C'est là son enfant de prédilection, la préoccupation de sa vie tout entière, la cause de ses extravagances, de ses folies, de sa vanité, plus tard la raison de quelques remords.

En vérité, nous sommes mal placés, à notre époque, pour juger le poëme du Tasse. Si l'on veut lire avec fruit la *Jérusalem délivrée*, il importe de faire en son âme une intime retraite, d'éloigner toutes les agitations de la vie matérielle qui nous étreint, de se recueillir longuement dans l'attente et la jouissance des plaisirs littéraires. Celui-là seul qui pourra fermer les issues de son âme trouvera du charme au récit de batailles et de combats où chrétiens et Sarrasins se pourfendent à qui mieux mieux. Il faut avoir du courage pour se recueillir ainsi, et ce travail est difficile à une époque où toute pensée, toute parole, tout effort ne sont rien s'ils ne conduisent au profit matériel. Voilà comment notre siècle est mal fait pour apprécier à sa juste valeur le poëme du Tasse et le poëme épique en général.

Il est entendu que nous n'avons pas l'audace ridicule et téméraire de chercher à diminuer l'admirable génie du poëte, mais il est juste de faire la part des temps et ce n'est pas aller trop loin que d'affirmer qu'une œuvre semblable au poëme du Tasse aurait de nos jours peu de succès. Voltaire qui avait, entre autres péchés, plusieurs poëmes épiques fort mauvais sur la conscience, avait déjà raison de dire de son temps : « Les Français n'ont pas la tête épique. » Toutes les nations modernes méritent ce reproche, si c'en est un.

Reportons-nous au contraire à ces temps chevaleresques du moyen-âge, de la Renaissance et du siècle qui suivit, et il est facile de se rendre compte de l'enthousiasme excité par l'œuvre du moderne Virgile.

Il y avait un peu plus de cent ans seulement que Guttemberg avait inventé le moyen de fixer pour les siècles la mobilité de la pensée humaine. L'imprimerie n'avait d'abord servi qu'à reproduire les livres de l'Eglise. On ne se doutait pas encore qu'elle pût devenir la propagatrice des belles-lettres et des sciences. Aussi, lorsque, le premier peut-être, Arioste usa de l'imprimerie pour une œuvre d'imagination, son ouvrage se répandit en peu de temps dans toute l'Italie et bientôt dans toute l'Europe.

Le Tasse aspirait à la gloire d'Arioste. L'Italie s'empara de la *Jérusalem délivrée* comme de *Roland furieux*. « S'empara » est le vrai mot, car le poëte n'avait pas encore mis la dernière main à son œuvre, quand les Alde, célèbres imprimeurs de Venise, la livrèrent frauduleusement à la publicité. Le monde lettré et savant n'avait encore lu qu'un poëme de ce genre; aussi accueillit-il *Jérusalem* avec le ravissement d'un enfant qui, pour la première fois sorti de son village, se trouve transporté dans les rues d'une cité de marbre.

Le séjour enchanteur de Sorrente, la vue de ces îles que le Tasse avait contemplées lorsqu'il se promenait en compagnie de sa sœur Cornélia, toute cette atmosphère inondée de poésie, engageait à relire quelques vers du Tasse.

A peu de distance de la ville, nous nous assîmes sur un rocher, à l'ombre d'un citronnier chargé de fruits et cherchâmes à faire en notre esprit cette retraite dont nous avons parlé. Près de nous, des plants de vignes étaient étagés sur les rares points de terre végétale laissés libres par les fantaisies gothiques de la nature. Un vigneron et sa fille élevaient au-dessous de chaque étage un petit mur de pierre sèche destiné à empêcher que la terre un jour détrempée par les pluies ne fut entraînée peu à peu vers la mer. Nous nous figurâmes voir un paysan du XVIe siècle, et quelques voiliers flottant à l'horizon nous parurent être ces vaisseaux de pirates qui, au temps du Tasse et longtemps après lui, infestèrent la Méditerranée.

Le livre fut ouvert au chant douzième. Clorinde, revêtue de l'armure des Sarrazins, succombe, la nuit, sous les coups de Tancrède, son ennemi et son amant. Nous eussions voulu nous jeter entre eux deux, leur ouvrir les yeux, leur montrer la fatale erreur et sauver Clorinde. Hélas! il n'est plus temps. Elle tombe. Mais, soudain, une lumière céleste éclaire son âme, la vérité lui apparaît, elle demande le baptême, et c'est Tancrède, qui l'a enfin reconnue, Tancrède, fou de douleur, qui va lui-même verser l'eau réparatrice sur le front de l'infidèle et lui ouvrir les portes du ciel. Cette scène ne le cède en rien aux plus grandes conceptions des plus célèbres épopées.

« Trois fois de ses bras nerveux Tancrède pressa la guerrière ; trois fois elle se dégagea des liens dont il l'enchaînait : ils s'attaquent une seconde fois avec le fer, et l'un et l'autre le teint de son sang. Fatigués enfin et hors d'haleine, tous deux s'éloignent et vont respirer un moment......

« ... La colère se rallume et le combat se ranime : quel combat ! leurs forces sont éteintes, ils ne connaissent point l'adresse, il ne leur reste que la rage : ils se percent et se déchirent. Sanglants, couverts de blessures, ils ne tiennent plus à la vie que par leur fureur.

« Telle on voit la mer Egée, lorsque les vents qui soulevaient les flots sont rentrés dans leurs grottes profondes : le calme ne règne point encore sur son sein, et ses ondes obéissent toujours au mouvement dont elles furent agitées. Tels les deux guerriers, quoique épuisés et sans vigueur, sentent encore l'impulsion de leur fureur première.

« Mais enfin, l'heure fatale qui doit finir la vie de Clorinde est arrivée : Tancrède atteint son beau sein de la pointe de son épée. Le fer s'y enfonce et s'abreuve de son sang, l'habit qui couvre sa gorge délicate en est inondé : elle se sent mourir, ses genoux fléchissent et se dérobent sous elle.

« Tancrède poursuit sa victime, et, la menace à la bouche, il la pousse, il la presse ; elle tombe, mais, en tombant, un rayon céleste l'éclaire : la vérité descend dans son cœur, et d'une infidèle en fait une chrétienne.

« Non loin de là un ruisseau jaillit en mur-

murant du sein de la montagne : Tancrède y court, il remplit son casque et revient tristement s'acquitter d'un saint et pieux ministère. Il sent trembler sa main, tandis qu'il détache le casque et qu'il découvre le visage du guerrier inconnu : il la voit, il la reconnaît; il reste sans voix et sans mouvement : ô fatale vue, funeste reconnaissance !

« Il allait mourir; mais soudain il rappelle toutes ses forces autour de son cœur : étouffant la douleur qui le presse, il se hâte de rendre à son amante une vie immortelle pour celle qu'il lui a ôtée. Au son des paroles sacrées qu'il prononce, Clorinde se ranime, elle sourit, une joie calme se peint sur son front et y éclaircit les ombres de la mort. Elle semblait dire : Le ciel s'ouvre et je m'en vais en paix.

« Sur ses joues la pâleur des violettes se mêle à la blancheur des lis : elle fixe ses yeux éteints vers le ciel, et soulevant sa main froide et glacée, elle la présente au guerrier comme un gage de paix. Dans cette attitude, elle expire et paraît s'endormir [1]. »

1 Traduction du prince Lebrun.

Le jour faiblissait insensiblement. Le globe solaire, devenu distinct, inondait de ses rayons rougeâtres toute la côte de Sorrente. Bientôt la crête horizontale du Pausilippe sembla séparer l'immense disque en deux parts égales; enfin il disparut tout à fait derrière le mont, et le golfe napolitain resplendit de cette lumière indécise que le soleil laisse après lui en se couchant. Les contours du Pausilippe se dessinèrent sur le crépuscule, puis cette lueur fit place à une obscurité qui n'est pas encore la nuit.

Un point lumineux parut soudain sur la montagne, — sans doute la lampe du pêcheur qui garde le tombeau de Virgile. Le tombeau de Virgile et le berceau du Tasse! Ces deux phares de la poésie ne sont-ils pas merveilleusement placés en ce lieu, aux deux extrémités du golfe de Naples, pour éclairer le plus poétique rivage du monde?

La nuit se fit, et tous les feux de Naples, de Portici, de Castellamare, rivalisèrent avec les feux du ciel. Il nous sembla que nous embrassions alors, dans un vaste regard, et le ciel et la terre, et il nous revint à l'esprit cette belle définition de l'immensité de Dieu que le Tasse composa peut-être en cet endroit même, sous l'inspiration de ce grandiose spectacle :

Gli occhi in giù volse e in un sol punto, e in una
Vista mirò ciò ch' in se il mondo aduna.

« Lorsqu'il abaissa les yeux, en un seul instant, d'un seul regard, il embrassa l'univers et tout ce qu'il renferme. »

La vie du Tasse présente d'incroyables contrastes. Tour à tour victime de son orgueil froissé ou d'une étrange humilité, nous le voyons, courant de protecteur en protecteur, abandonnant Ferrare pour suivre en France le cardinal d'Este, puis quitter Paris pour Turin, Turin pour Florence, et, bientôt, Florence pour Rome, Naples, Sorrente, enfin revenir à Ferrare, qu'il devait délaisser encore.

On a exagéré les malheurs et la folie du Tasse. Sans ce travers d'esprit qui le portait à vouloir attirer, seul et sans cesse, les regards de ses admirateurs, le poëte aurait pu vivre magnifiquement à la cour de Ferrare, où le duc Alphonse l'avait fait venir et l'entourait de la sollicitude due à son génie.

Cependant le Tasse, en proie à sa vanité

blessée et sous l'empire de je ne sais quelles craintes du fer, du poison et de la damnation, s'évada tout à coup de Ferrare.

D'abord, il erra comme un fou dans la campagne. Que faire, et vers quel point se diriger ?

Dans la vie de l'homme condamné par le génie ou les affaires à la publicité, il y a certains moments où, las du bruit, abreuvé des amertumes que la fortune et la gloire laissent au fond de la coupe, il se reporte en pensée vers un point unique de la terre, vers ce petit coin qui l'a vu naître, où s'est écoulée son enfance : *angulus ille ridet!* Alors, semblables au flux et au reflux de l'Océan, mille souvenirs montent au rivage de l'âme ; puis, le flot s'en va toucher de nouveau la rive du pays natal, pour en rapporter, en revenant, d'inexprimables désirs. Avec la rapidité de l'éclair, il se fait dans l'âme un échange de paroles mystérieuses, douce conversation, où les êtres qui nous sont chers et que nous avons quittés depuis longtemps, où les bois eux-mêmes, les ruisseaux, les montagnes et les vallées, les maisons, l'atmosphère et jusqu'aux parfums particuliers à notre pays, où, en un mot, tout ce que nous avons aimé, tout ce qui nous a connu semble nous appeler d'une voix amoureuse.

Ce moment était venu pour le Tasse, lorsqu'au milieu des gorges des Apennins, seul, sans argent, il se dirigeait vers Sorrente où résidait encore sa sœur Cornélia.

Le marquis Manso, confident intime du poëte, raconte ainsi la scène de la reconnaissance :

« Etant entré dans le village et dans la maison de sa sœur, il la trouva, dit-il. avec ses servantes, car elle était maintenant veuve, et ses deux fils en bas âge n'étaient pas en ce moment à la maison. Ayant été introduit auprès d'elle, il s'annonça comme un messager chargé de lui porter des lettres et des nouvelles de son frère. Ces lettres, que la sœur ouvrit avec empressement, disaient que Torquato courait des dangers extrêmes pour sa vie, à moins qu'il ne fut sauvé par l'assistance de sa sœur, à laquelle il demandait quelques lettres de recommandation dont il avait le plus pressant besoin. Il s'en référait pour les détails aux explications que le messsager donnerait de vive voix à Cornélia.

« Consternée et terrifiée par cette lecture, Cornélia, après avoir fait rafraîchir le faux berger, couvert de sueur et de poussière, se hâta de lui demander les explications annoncées par la lettre de son frère. Le Tasse, exagérant dans ce récit les périls imaginaires auxquels il se croyait exposé, raconta une histoire si vraisemblable, en termes si pathétiques, que la sœur s'évanouit de terreur et de tendresse en l'écoutant. Convaincu alors de l'amour de sa sœur pour lui et se reprochant à lui-même une feinte qui avait causé tant d'angoisses à Cornélia, il commença à la rassurer avec de meilleures paroles, et finit par se découvrir à elle; mais peu à peu et par degrés, de peur que la surprise et la joie succédant sans préparation à tant de douleur, ne lui causassent un autre évanouissement qui, cette fois, pourrait être mortel. »

Le Tasse passa le reste de l'été dans la maison de sa sœur. La vue des lieux où il avait pour la première fois respiré la vie, la tendresse de sa sœur et de ses neveux, rendirent la paix à son âme, et à son esprit toute sa lucidité. Mais, bientôt, l'amour de la gloire, le désir de retrouver ses livres et son poëme encore inachevé, lui firent tourner de nouveau ses regards du côté de Ferrare. La crainte d'avoir attristé le cœur de sa tendre protectrice Léonora d'Este contribua sans doute aussi beaucoup à favoriser l'inconstance du poëte. Il écrivit donc, à l'insu de sa sœur, des lettres de repentir à la cour de Ferrare.

La réponse se fit attendre. Enfin, le Tasse apprit par une lettre du cardinal Albano que le duc Alphonse lui avait pardonné sa fuite et le recevrait avec bonheur. Le poëte revint en effet, mais pour commettre bientôt de nouvelles infidélités.

Fatigué de l'inconstance ou de la folie de son protégé, irrité des outrages adressés un jour publiquement à sa personne et à sa maison par le poëte, Alphonse le fit enfermer à l'hôpital Sainte-Anne qui servait à la fois de refuge aux aliénés et de prison d'Etat. On assure que le duc de Ferrare avait saisi ce prétexte pour punir le Tasse d'oser aimer la princesse sa sœur. Les nombreux vers du poëte en l'honneur de la belle Léonora d'Este prouvent au moins qu'il avait pour elle une respectueuse amitié, une admiration platonique, et l'on sait d'ailleurs qu'à cette époque chevaleresque une galanterie recherchée, compromettante même, était passée dans les mœurs et était devenue la simple politesse des cours.

Les malheurs du prisonnier de l'hôpital Sainte-Anne ont été racontés par tous les poëtes, et d'abord par le Tasse lui-même : « Hélas ! malheureux que je suis, dit-il dans une lettre à Scipion Gonzague, moi qui ai été assez prédestiné pour écrire, outre deux poëmes épiques du ton le plus héroïque, quatre tragédies et tant d'ouvrages en prose pour le charme et pour l'utilité du genre humain, moi qui me flattais de terminer ma vie dans une nuée de gloire, j'ai perdu toute perspective d'honneur et de renommée ! Je me regarderais maintenant comme trop heureux si je pouvais seulement, sans crainte du poison, étancher à satiété la soif qui me consume, et, comme l'homme de la condition la plus vulgaire, passer mes jours en paix, mais libre, dans quelque pauvre chaumière de paysan ! Ce serait assez pour moi de n'y être pas avili, et, si je ne pouvais pas y vivre à la manière des hommes, de pouvoir au moins y boire à ma soif comme les brutes qui se désaltèrent aux ruisseaux et aux fontaines !... La crainte surtout d'une prison perpétuelle accroît ma mélancolie ! les indignités que je subis l'augmentent encore; la squalidité de ma barbe, mes cheveux hérissés, mon costume délabré, la saleté de mon linge, les immondices de mon cachot me pénètrent de répugnance; mais par-dessus tout, je suis obsédé par la solitude, qui fut toujours ma plus cruelle ennemie, tellement qu'à l'époque où j'étais le mieux portant, après quelques heures de solitude, j'étais obligé de sortir pour aller chercher la compagnie des hommes. Je suis sûr que si un seul de ceux qui ont nourri pour moi le plus léger attachement me voyait dans cet état, il ne pourrait s'empêcher de fondre en larmes de compassion. »

Montaigne trouva le Tasse en ce piteux état d'abattement. « De vrai, dit-il, en le quittant, il n'y a qu'un demi-tour de cheville à faire pour passer des plus excellentes manies aux plus détraquées. Voilà un des poëtes italiens les mieux formés à l'air de l'antique et pure poésie, que la laborieuse quête des sciences a conduit à la bêtise; la rare aptitude aux exercices de l'âme l'a rendu sans exercice et sans âme. »

Gœthe a également chanté les infortunes du Tasse et Byron a écrit ses lamentations. Lamartine, à son tour, raconte la visite qu'il fit à la prison de Ferrare et n'omet pas de citer les vers qu'il composa dans la circonstance. C'est un amer reproche à l'humanité qui méprise les génies vivants :

Homme ou Dieu, tout génie est promis au martyre.
Du supplice plus tard on brise l'instrument :
L'homme adore la croix, où sa victime expire
Et du cachot du Tasse enchâsse le ciment.

On voit que les consolations ne manquent pas à l'ombre du grand poëte. La captivité du Tasse fut-elle donc pleine d'ignominies et d'outrages ? Les récits des historiens autorisent des interprétations très-diverses. Alphonse d'Este aurait pu confier la garde du poëte inconstant, ingrat ou fou, à d'autres qu'au prieur de Sainte-Anne Agostino Mosti. Ce religieux, fanatique d'Arioste, ne pouvait pardonner au Tasse de rivaliser avec son poëte favori. Souvent donc il se plut à humilier le captif et c'est à lui que doit revenir une grande part des reproches de la postérité. Cependant, l'histoire rapporte que le Tasse trouva dans Giulio Mosti, neveu du prieur, un ami dévoué qui lui fit oublier, par ses entretiens journaliers et sa tendresse, les duretés impardonnables de l'oncle.

Il y avait plusieurs années que le poëte vivait à Sainte-Anne, lorsque parurent à Venise, à Vienne et à Lyon, des éditions inexactes et grossières de la *Jérusalem*. Néanmoins l'enthousiasme pour le nom du Tasse devint tel en Italie que le duc de Ferrare n'osa plus retenir son illustre prisonnier. D'abord un appartement lui fut donné dans l'hôpital Sainte-Anne, on lui laissa la liberté de recevoir ses amis et même de sortir. Par l'ordre du duc on le conduisit aux fêtes de carnaval, et le Tasse raconte lui-même, dans un dialogue intitulé : *Les mascarades,* les fêtes auxquelles il avait assisté dans la maison d'un seigneur du nom de Gianlucco. Enfin le duc de Mantoue obtint d'Alphonse la liberté et le départ du Tasse. C'est à Mantoue qu'il revit une dernière fois les chants de la *Jérusalem.*

Quelques mois après, le Tasse est à Rome, à Naples, puis à Sorrente où il ne trouve plus, hélas! que le tombeau de sa sœur. Partout sur son passage il reçoit un accueil enthousiaste. A cette époque, il séjourne assez longtemps à Bisaccio dans la maison de campagne du marquis de Villa.

« Le seigneur Tasso, dit son hôte, est devenu un grand chasseur; il brave toutes les intempéries de la saison et des lieux. Quand le temps est contraire, nous passons les journées et les longues heures du soir à écouter de la musique et des *canzone;* car un de ses plus vifs plaisirs est d'entendre nos improvisateurs rustiques, dont il envie la facilité à versifier, la nature, à ce qu'il prétend, ayant été moins prodigue envers lui à cet égard. Quelquefois aussi nous dansons avec les jeunes filles de Bisaccio, un des divertissements qui lui fait le plus de plaisir; mais plus souvent nous restons assis au coin du feu et nous y revenons souvent sur l'esprit qu'il prétend lui être apparu à Ferrare; et véritablement il m'en parle de telle sorte que je ne sais trop qu'en dire et qu'en penser. »

C'était à Rome que le Tasse devait terminer sa vie.

Vers la fin de l'année 1592, il prit le chemin de la grande ville, où règnait alors Clément VIII, de la célèbre famille Aldobrandini.

La noblesse de Naples servit de cortége à son nouveau Virgile jusqu'aux portes de Capoue.

Le poëte arrivait à Mola di Gaeta, lorsqu'on apprit que Marco Sciarra, chef de brigands des Abruzzes, interceptait le passage. Mais Sciarra, ayant su que le poëte était au nombre des voyageurs, lui envoya un sauf-conduit et l'entoura sur la route de toutes sortes d'honneurs. Autrefois les brigands de l'Apennin avaient rendu à l'Arioste un semblable hommage.

Le Tasse arriva à Rome où l'attendait le cardinal Cinzio, neveu du Pape et protecteur des lettres. Ce fut le dernier et le plus fidèle ami du poëte qui avait donné, tant de fois, l'exemple de l'infidélité et de l'inconstance. Le cardinal installa le Tasse au Vatican et l'accueillit pendant plus d'un an à sa table.

Un procès, où sa modeste fortune était engagée, le rappela encore une fois à Naples. Pendant ce temps, le cardinal Cinzio demandait au Pape de couronner solennellement le Tasse. Mais ce dernier avait le pressentiment de sa fin prochaine, et il écrivit au marquis Manso : « Je retourne à Rome pour y mourir et non pour me parer d'une couronne. »

Il entendit néanmoins tomber de la bouche du Pape ces flatteuses paroles : « La couronne que je vous destine recevra de vous autant de lustre qu'elle en confère aux autres poëtes. »

Cependant l'amour de la gloire commençait à faire place, dans l'âme du Tasse, à cet autre sentiment qui est toujours celui des vrais chrétiens au déclin de la vie : le sentiment de la vanité du monde et le désir de se recueillir une dernière fois avant de quitter la terre. Pénétré de ces pensées, il s'était agenouillé, durant son voyage, en passant au Mont-Cassin, sur le tombeau de saint Benoît et avait demandé à Dieu de le détacher des déceptions de la vie. La joie du triomphe qu'on lui préparait pour le printemps occupa donc fort peu l'esprit du grand poëte durant l'hiver de 1595. Au contraire, singulièrement agité par des troubles de conscience, il voulut à plusieurs reprises retrancher de son poëme tous les passages capables de scandaliser une âme. Pieux scrupules que ressentent, à leur lit de mort, les grands écrivains chrétiens. A cette heure, Racine aussi voulait brûler ses tragédies, et La Fontaine, pour expier le cynisme révoltant de ses contes, demandait, dans son incroyable bonhomie, qu'on les vendît au profit des pauvres.

Le cardinal et le Pape calmèrent les craintes du Tasse, mais ses supplications engagèrent ses protecteurs à le laisser quitter le Vatican pour se retirer loin du monde, dans la solitude d'un monastère, et Cinzio, bien qu'il ne crût pas au danger qui menaçait le poëte, voulut lui-même le conduire à sa retraite.

A peu de distance du Vatican, sur les hauteurs du Janicule, s'élève la petite église et le couvent de Sant'Onofrio, construits en 1439, sous le pontificat d'Eugène IV, par Nicolas de Forca Palena. Il est habité depuis cette époque par les ermites de saint Jérome qui suivent la règle du bienheureux Pierre de Pise.

C'est un des endroits les plus solitaires de Rome. En quittant la porte San-Spirito, on arrive à Sant'Onofrio en suivant une longue rue montante et silencieuse. Les voix criardes des Trastévérines troublent seules parfois la tranquillité de ces lieux. Des haillons qui sèchent aux fenêtres, ou sur des cordes tendues d'un grenier à l'autre, attestent la pauvreté de ce quartier célèbre, dont les habitants sont pourtant les descendants les plus directs des antiques maîtres du monde.

Une petite place sans maisons et dominant la cité précède l'entrée de Sant'Onofrio. Sous le modeste portique couvert à l'italienne qui longe le mur du couvent, on remarque plusieurs fresques où le Dominiquin a représenté quelques traits de la vie de saint Jérome.

Aucune fenêtre de ce côté du couvent, mais une petite porte basse auprès de laquelle pend le fil de fer de la clochette. Le profond sillon creusé dans le mur par le frottement de ce fil aussi vieux que la maison, la marche de pierre usée qui forme le pas de la porte, tout annonce que ce lieu est plus fréquenté qu'on ne pense.

Le couvent de Sant'Onofrio est la maison des pauvres et des poëtes. Les uns foulent ce seuil pour demander l'aumône et des paroles de paix, les autres y viennent mendier l'inspiration dans la chambre ou sur le tombeau du Tasse.

C'est en effet au sommet de cette rampe du Janicule, sur cette petite place, et à l'humble porte de ce couvent, que s'arrêta, le 1er avril 1595, le carrosse du cardinal Cinzio. Une tempête affreuse régnait en ce moment, le vent soufflait avec violence, et les ermites de Sant'-Onofrio s'étonnèrent de voir le cardinal monter vers leur maison au milieu d'une semblable bourrasque. Un homme dans toute la force de l'âge, mais amaigri par la souffrance et les agitations de la vie, descendit du carrosse du cardinal. Cet homme avait encore dans le regard un rayon de génie. En le voyant franchir le seuil du couvent, plusieurs religieux se demandèrent qui venait ainsi mourir parmi eux. C'était Torquato Tasso.

Les ermites de saint Jérome le reçurent avec transport, et lui donnèrent, dans un angle du couvent, une chambre à deux fenêtres, sans doute la plus belle, d'où il pouvait embrasser d'un coup d'œil tous les dômes de Rome se détachant sur les Apennins.

Le poëte ne s'était pas trompé ; une maladie de langueur le minait depuis plusieurs mois. Il se sentait mourir et calculait avec sérénité les heures que Dieu pouvait lui laisser encore. De la fenêtre de leur cellule, les religieux le voyaient, tout entier aux pensées de l'éternité, assis sous un chêne superbe d'où la vue s'étendait au loin par-dessus la ville, ou errant solitaire dans les allées du jardin.

Alors les ermites de Sant'Onofrio se retiraient pour laisser le poëte à ses méditations. Les mille bruits de la grande cité qui montaient confus jusqu'à son oreille, apportant avec eux les confidences des passions humaines ; au contraire, la pureté du ciel, le calme du cloître, produisirent sans doute en cette vaste intelligence d'ineffables contrastes. Dieu seul connaît ce qui se passait alors dans l'âme du Tasse. Ce que nous savons, c'est qu'en s'arrachant à sa place favorite, il allait se mêler aux exercices religieux des ermites ou converser avec eux, ne souffrant plus qu'on lui parlât de la gloire. Lui-même laisse entrevoir, dans sa dernière lettre à son ami Costantini, quels étaient ces pieux entretiens :

« Que dira mon cher Antonio, lorsqu'il apprendra la mort de son Tasse ? Je n'en puis douter, cette nouvelle ne tardera pas !... Je me suis fait conduire à ce monastère de Sant'Onofrio, non parce que, suivant les médecins, on y respire l'air le plus pur de Rome, mais plutôt pour préluder, en conversant avec ces pieux ermites, aux saints entretiens que j'espère continuer dans le ciel. »

Ce moment ne se fit pas longtemps attendre. Le 25 avril 1595, le Tasse, après s'être confessé tout en larmes, fut porté par les Frères dans la chapelle où il reçut le saint Viatique. Lorsqu'on le ramena dans sa cellule, il y trouva le cardinal Cinzio chargé de la bénédiction dernière du Pape : « Voilà, s'écria-t-il, le char triomphal sur lequel je désire être couronné, non pas du laurier des poëtes, mais de la gloire des Saints dans le ciel ! » Puis, il expira au murmure sacré des psaumes de l'agonie. Il avait cinquante-un ans.

La nouvelle de sa mort se répandit à l'instant dans Rome qui s'apprêtait aux fêtes du couronnement du poëte, et on peut dire que l'Italie entière assista à son apothéose posthume.

Le corps du Tasse fut transporté à l'église San-Spirito in Sassia d'où on le ramena à Sant' Onofrio, accompagné de tout le clergé séculier et régulier, de la cour, des professeurs de la Sapience, des princes romains, des lettrés et d'un immense concours de peuple, au milieu duquel se pressaient les peintres avides de saisir les traits de l'illustre défunt. La couronne de laurier qu'il aurait dû, quelques semaines plus tard, aller chercher au Capitole, entourait ce front, siége de si vastes idées et de si cruelles déceptions.

La dépouille mortelle du Tasse fut ensevelie dans l'église du monastère, avec cette inscription d'une éloquente simplicité :

D. O. M.
TORQVATI. TASSI
OSSA
HIC. IACENT
HOC. NE. NESCIVS
ESSES. HOSPES
FTRES. HVJVS. ECCL.
PP.
ANNO. M. DCI.
OBIIT. ANNO. M. DXCV.

Plus tard, le cardinal Bevilacqua transféra les restes du Tasse dans la première chapelle, à gauche en entrant dans l'église, et mit une inscription commémorative dont voici la traduction :

« — Torquato Tasso! Dans ce seul nom que de gloire et de célébrité !... Boniface Bevilacqua, cardinal, quatrième du nom, a transporté et enseveli dans cet endroit les cendres du poëte, ne voulant pas que les restes de celui dont le nom immortel vole de bouche en bouche fussent déposés dans un tombeau sans magnificence, ni qu'on eût à les rechercher. Il fut excité par son amour pour la vertu, par son respect envers un enfant de la patrie, envers un ami de sa famille. Le Tasse vécut cinquante-un ans ; il était né dans le grand et très-illustre siècle, l'an de grâce 1544. Il vivra toujours, si nous ne nous trompons, dans la mémoire, l'admiration et le respect des hommes. »

Les cendres de l'auteur de la *Jérusalem* ne reposent plus à l'endroit où Bevilacqua les avait mises. Par ordre du Pape Pie IX, un monument plus digne du Tasse fut élevé dans cette même église de Sant' Onofrio : sur le grand soubassement est sculpté en bas-relief le triomphe funèbre du poëte; la grande niche au-dessus contient sa statue.

L'inauguration eut lieu le 25 avril 1857, jour anniversaire de la mort du Tasse. Une immense foule accourue de tous les points de l'Italie assistait à cette fête. En présence des Académies de Rome, des ministres du Saint-Siége et du sénateur, on fit enlever la pierre qui recouvrait le corps de l'illustre défunt. Tous les yeux se portèrent alors sur une caisse de plomb où on lisait :

TORQVATI. TASSI
OSSA. HIC. SITA. SVNT

Lorsqu'on l'ouvrit, un frémissement parcourut les veines de tous les assistants, à la vue de ces quelques ossements, derniers restes d'un génie. L'évêque célébrant récita les prières de l'Eglise, puis les cendres du Tasse furent déposées dans une nouvelle caisse de plomb et transportées avec solennité au tombeau creusé sous le monument.

Le soir de cette journée, sur les pentes du Janicule et dans le jardin de Sant' Onofrio, la foule se pressait pour entendre les éloges du Tasse prononcés par les représentants des diverses Académies romaines.

Les religieux montrent avec fierté les souvenirs du grand poëte qui vint chez eux mourir en grand chrétien ; avec raison ils pensent que c'est un honneur pour Sant' Onofrio d'avoir pu contempler cet astre encore plus admirable dans l'humilité de son couchant que dans toute la gloire de son midi.

Un long corridor conduit à la *chambre du Tasse*.

On doit à trois riches Romains d'avoir réuni en 1848, dans la cellule où mourut le poëte, les divers objets dont il s'était servi durant son séjour à Sant' Onofrio et qui se trouvaient dispersés dans le couvent. Depuis cette époque, la *camera del Tasso* est devenue un sanctuaire pour les religieux, un lieu de pèlerinage pour les nombreux amis des lettres qui affluent dans la grande cité. On y voit le crucifix du Tasse, son encrier, son miroir, son sablier, sa ceinture, son fauteuil, sa table, la caisse de plomb qui renfermait ses cendres, avant 1857. On remarque surtout un très-précieux autographe, la dernière et triste lettre du Tasse à son ami Costantini, et enfin le masque en cire coulé dans le moule pris sur la tête du poëte immédiatement après sa mort. Sur ce visage amaigri on semble lire encore, selon la belle expresssion de Lamartine, les luttes de la démence avec le génie.

D'autres personnages ont illustré le couvent de Sant' Onofrio. Sans compter le Dominiquin, plusieurs peintres célèbres des écoles florentine, bolonaise et romaine se sont plu à orner l'église de leurs chefs-d'œuvre.

La Madone de Léonard de Vinci, placée dans le corridor menant à la chambre du Tasse, attire particulièrement l'attention. C'est une peinture de premier ordre, remplie de grâce et de beauté. Jésus-Enfant a toute l'ingénuité, la naïveté de son âge et en même temps on lit dans ses regards la sagesse de l'âge mur; aussi la bénédiction qu'il donne n'a rien qui choque et ne semble pas un contre-sens de la part de cet enfant.

L'un des derniers titulaires de Sant' Onofrio, le cardinal Mezzofanti, mort en 1848, a son tombeau dans l'église. On sait la réputation universelle de ce prêtre excellent qui, dans le but de pouvoir évangéliser les soldats de tous pays qui passaient dans les hôpitaux de Bologne, à l'époque du premier Empire, se mit à étudier jusqu'à dix idiomes différents, s'éprit de cette étude et finit par parler couramment, et dans le meilleur style, près de quarante langues.

En quittant ce cloître consacré à la fois par la vertu, la science, l'art et la poésie, nous descendîmes au jardin pour y détacher une branche au chêne du Tasse, comme nous avions cueilli sur le tombeau de Virgile un rameau d'olivier.

Près de ce chêne, on voit encore l'amphithéâtre champêtre où saint Philippe de Néri avait coutume de rassembler ses disciples et de leur faire chanter ces dramatiques et pieux dialogues qui ont été l'origine de l'oratorio religieux et donné une impulsion nouvelle à la musique sacrée.

De ces hauteurs du Janicule, le regard embrasse les montagnes de la Sabine et les monts Albains dont les pentes douces s'inclinent vers la mer ; plus près, la campagne romaine sillonnée d'aqueducs et semée de ruines ; plus près encore, au premier plan, au milieu des jardins et à travers les pins pignons qui se dressent immobiles, les noirs et majestueux palais des Corsini, des Farnèse et des Borghèse, les vieux remparts de Rome, les villas, les décombres des thermes antiques, les colonnes des temples mutilés du Forum, les arcs de triomphe, le Colysée, en un mot cet incomparable mélange de monuments anciens et modernes, païens et chrétiens, qui font de la Ville aux sept collines la plus vénérable cité de la terre.

A cette vue, la pensée, dépassant l'horizon, se reporte sur le monde romain et sur ce peuple prodigieux, dont les innombrables restes couvrent l'Europe, l'Asie et l'Afrique, semblables, dit superbement un auteur italien, aux ossements d'un cadavre qui aurait eu l'univers entier pour sépulture.

Puis, la pensée revient à cette Italie, resplendissante de soleil, terre destinée par les dieux, dit Pline, à rendre le ciel lui-même plus brillant [1]; à Rome, cette tête digne d'être portée par d'aussi glorieuses épaules, suivant l'expression du même auteur [2], à cette Rome que Virgile appelle la plus belle des choses,

....................rerum pulcherrima Roma.

Et si l'on se prend à contempler, parmi les ruines de l'ancien monde, les quatre cents églises de Rome, ce sombre Panthéon, chargé d'ans, maintenant dédié aux martyrs, cette masse imposante de la basilique de Saint-Pierre, s'élevant au lieu même d'où partaient les oracles d'un faux dieu, ce palais, séjour du Pasteur suprême à qui Dieu ne permet pas d'errer dans la conduite du troupeau, on voit clairement que cette décrépitude et cette agonie du paganisme ne sont point le simple résultat des révolutions humaines.

L'art peut pleurer et gémir sur les temples découronnés, sur le Forum, devenu un dépôt d'immondices; nous le ferons avec lui, mais un

1 *Hist. Nat.*, III, v.
2 *Ibid.*

tel spectacle renferme un enseignement, et ces nombreux arbres solitaires qui croissent entre les pierres des thermes de Caracalla ou au palais des Césars, ces colonnes isolées, veuves de leurs temples, ressemblent à l'ombre de vieux Romains, drapés dans la toge et assistant d'un œil morne au triomphe de ces « Juifs » que Tacite nommait les ennemis de l'humanité. Tout, dans la Rome moderne, proclame le : *Christus vincit, Christus regnat, Christus imperat,* inscrit sur l'obélisque de la place Saint-Pierre. C'est Dieu, s'exprimant par la voix de l'histoire, des sciences, des arts chrétiens, de la théologie, c'est la vive parole de Dieu, parole efficace, dit saint Paul, pénétrante comme le glaive à double tranchant, atteignant jusqu'aux replis les plus cachés de l'intelligence, dans les jointures et la moëlle de l'âme [1].

Telle est Rome, bâtie par les siècles avec les deniers de tous les fidèles de l'univers. « Laissez-nous, disait naguère un évêque à ceux qui portaient la main sur le Saint-Siége, laissez-nous le temps de descendre dans nos catacombes, dans les cryptes et les confessions de

1 Hebr. IV, 12.

nos basiliques, afin d'emporter les ossements de nos apôtres, de nos martyrs et de nos saints, d'arracher les pierres que notre or et que nos prières ont amassées, et dont nos Pontifes ont fait un si splendide usage; venez, alors, et établissez-vous, si vous l'osez, sous l'anathême de Dieu et du monde catholique, dans le désert que vos spoliations auront préparé [1]. »

Aujourd'hui, la spoliation est accomplie et le désert se fait. Des sommets de la grande basilique, on peut voir errer, dans le jardin du Vatican, le deux cent cinquante-neuvième successeur de saint Pierre, qui ne rencontre plus ni sécurité ni respect dans les rues et sur les places publiques de la cité dont les Papes ont fait la gloire et la richesse. Les ordres religieux sont dépouillés, le pouvoir ecclésiastique est arrêté ou entravé dans son exercice, — triste épisode de la lutte éternelle du mal contre le bien. — En Italie, comme en Allemagne et en Suisse, il est manifeste que, derrière la revendication du temporel, se dissimule à peine la haine implacable du spirituel.

Il serait donc superflu de concéder, avec

1 Lett. past. de Mgr Place, évêque de Marseille, 1866.

Lacordaire, que le gouvernement pontifical était d'ancien régime et devait, avec le temps, se transformer, admettre résolûment l'égalité civile, la liberté politique, la liberté de conscience. Le domaine de saint Pierre eût-il été le coin de la terre le mieux gouverné, l'Italie moderne n'aurait pas compris davantage que la papauté, marchant à la tête d'une confédération, eut fait sa force et sa gloire. Non, il fallait étreindre l'inéluctable ennemi, le spirituel, c'est-à-dire l'Eglise enseignant et condamnant.

Mais, Dieu le veut ainsi, le spirituel ne meurt pas. Rome est la vivante expression du triomphe définitif de la vérité sur le mensonge, du christianisme sur le paganisme; elle restera à jamais posée sur la cité païenne, comme une statue de la Vierge écrasant du pied l'antique serpent.

TABLE DES MATIÈRES

Le Puy, typographie de M.-P. Marchessou.

Reliure serrée

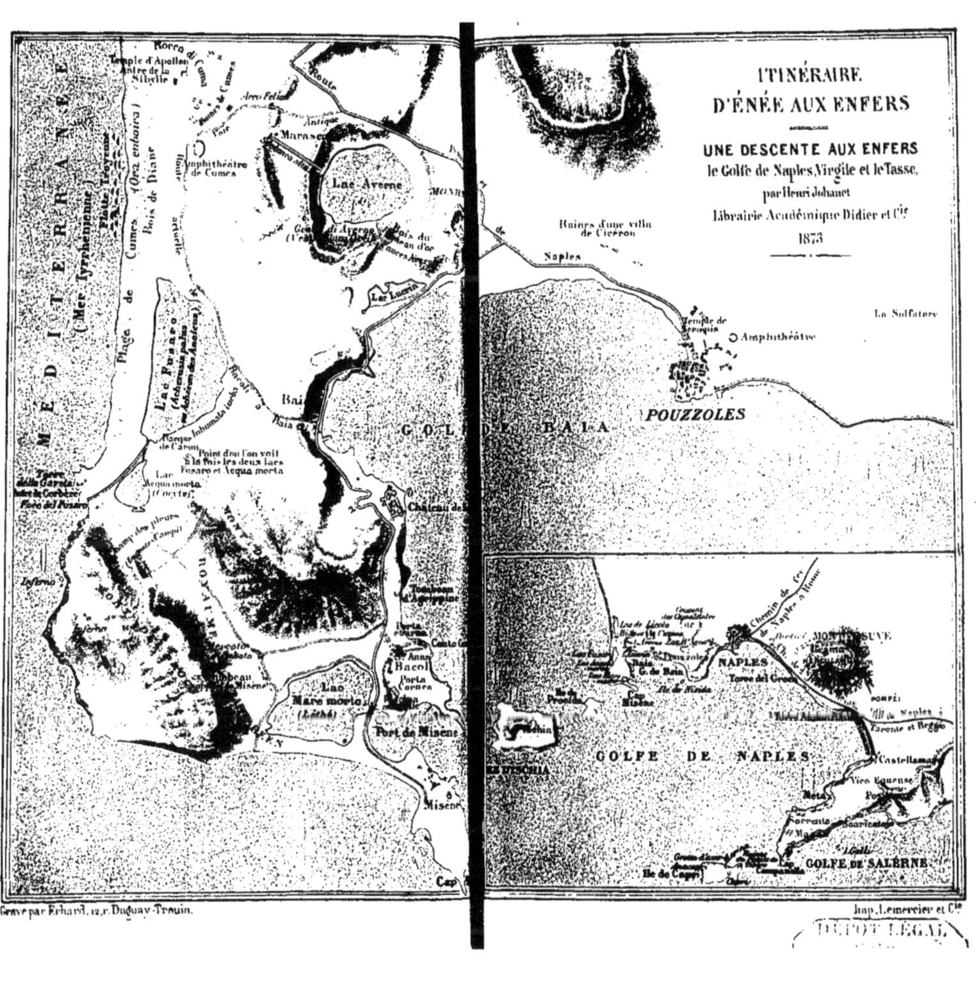

Gravé par Erhard, 12, r. Duguay-Trouin.
Imp. Lemercier et Cie

www.ingramcontent.com/pod-product-compliance
Ingram Content Group UK Ltd.
Pitfield, Milton Keynes, MK11 3LW, UK
UKHW020311230726
13925UKWH00002B/344